Periodistas sin miedo V

NORMA ESTELA FERREYRA

ISBN 978-1-291-54538-8

NOTA DE LA AUTORA

Cuando la mentira se convierte en crímenes o en violencia la palabra se delata como el arma más peligrosa. De allí que los medios masivos de comunicación, y a sea que se trate de Internet, televisión, periódicos o radiales, cuando forman un monopolio global, como está sucediendo actualmente, pueden distorsionar tanto la realidad que ésta puede manipularse de tal forma, que provoque una reacción en cadena, tan peligrosa que termine con gran parte de la humanidad. Esta es la situación que vivimos muchas veces, cuando se difundieron mentiras para justificar genocidios o ejercer el dominio en cualquier país por razones políticas o económicas.

No voy a redundar en detalles pero estamos al borde de la Tercera Guerra Mundial, sin contar con las masacres que se siguen realizando en el medio oriente , sin que ya a nadie le conmueva, porque lo silencian deliberadamente.

Pero voy a ponerles un ejemplo menos aterrador pero igualmente peligroso. Por un lado se predica constantemente en que la democracia es el mejor sistema . Pero por otro lado, se intenta romper con ella cuando ésta no favorece al dominio global y se intenta manejar desde el exterior los destinos de un país y hasta se propician derrocamientos de gobiernos, elegidos por la mayoría.

Y este nuevo modo de totalitarismo, de fascismo, impuesto desde el exterior se ha preparado mediante el uso de Internet. Por las redes sociales se auto convocan minorías opositoras y pretenden hacer una pueblada., que por supuesto, aunque sean multitudiranias y hagan mucho ruido, serán siempre una minoría que será utilizada por los que perdieron la elección, o sea opositores, en contra de la voluntad de quienes votaron por un gobierno.

Esto es lo que yo llamo el "plesbicito ilegal de las minorías". Así, vimos surgir los indignados, los cacerolazos, la primavera árabe, los cortes de calles, entre otros, que tienden a provocar disturbios y reacciones del grupo mayoritario y que no contribuye a la paz social. Con el agravante de que en el caso de los árabes, esto se convirtió en masacres, que pueden derivar en la Tercera Guerra mundial.

La palabra es el arma más peligrosa que existe, porque con los cacerolazos, la primavera árabe o como se llamen, se puede convencer a mucha gente de realizar atrocidades, crímenes, genocidios, en fin, de cualquier cosa. Y también puede convertirse en una mentira que utilicen por cualquier medio, los que ejercen el poder, en nuestra contra, mediante la deformación de la verdad.

Cuidado, amigos. Si creemos en la democracia respetemos a los gobiernos legítimos, porque todo lo demás se volcará en nuestra contra.

Siria es un ejemplo del manejo de la mentira por estos grupos transnacionales del Poder, que pretenden continuar con los baños de sangre, para esclavizar a la humanidad. Recuerdo cuando una vez, vi por CBN, cuando los Chinos mataban bebés en las guarderías del país, que era una filmación, con los mismos defectos que la de la muerte de Bin Laden.

La autora

Dedico este libro a mi abuelo Pedro.

Lo que necesitas saber sobre la guerra civil en Siria

Apuntes y Monografías | Taringa- 27-8-2012

Las claves de un conflicto que se extiende por más de dos años y medio.

¿Cuánto tiempo hace que empezó la guerra?

La revuelta contra el régimen de Bachar el Asad comenzó de forma similar a otros movimientos parte de la primavera árabe. En enero de 2011, y siguiendo el ejemplo del tunecino Mohamed Buazizi, un joven se inmoló prendiéndose fuego en la ciudad de Al Hasaka, al norte del país. El acto desencadenó una oleada de protestas populares, que fueron brutalmente reprimidas por el régimen. La situación se agravó y el 20 de marzo de ese año, la ciudad de Deráa, cercana a la frontera jordana, se alzó contra El Asad. A pesar de que el levantamiento fue aplastado, la chispa había prendido y la rebelión comenzó a extenderse por varias regiones del país.

¿Cuál es la composición étnica del país? ¿Quién está con quién?

El 90% de los 22 millones de sirios son árabes, con minorías kurdas, armenias y turcas. Según un informe del Departamento de Estado de EE UU, en 2006 el 87% de la población es musulmana. El 74% pertenece a la rama suní, mientras que la chií, la alauí y la ismailí, suman el 13% del total. Los cristianos son el 10% y los drusos (una secta de origen islámico), un 3%.

En una herencia del Gobierno colonial francés, las minorías religiosas tienen una importancia sobredimensionada en el Gobierno sirio, especialmente los alauíes. Esta rama, a la que pertenece la familia Asad —que lleva gobernando el país desde 1971— tiene el control de las unidades de élite de las fuerzas armadas. Gran parte de los rebeldes son suníes, lo que les ha granjeado el apoyo de Al Qaeda, cuyos militantes pertenecen a esa corriente del Islam.

¿Quién controla ahora cada parte del territorio?

El Gobierno controla toda la franja costera —incluyendo el puerto de Latakia, tomado en agosto de 2011— y la mayor parte de la capital, Damasco. Al norte del país hay pequeños núcleos controlados por milicias kurdas. En el resto del país, la situación es más fragmentada. Cada zona de control depende de la composición étnica o religiosa de la región.

¿Cuántos refugiados ha provocado la crisis?

El Alto Comisionado de la ONU para los Refugiados (ACNUR) afirma que casi seis millones de sirios, algo más de una cuarta parte de la población, han tenido que huir de sus hogares por la guerra. Cerca de 1,9 millones de estos refugiados, más de un millón de ellos niños, han escapado del país. La mayor parte de los que han huido se concentra en Líbano, Irak, Turquía y Jordania. Dos terceras partes de los que abandonado Siria lo han hecho este año, y se espera que a finales de 2013 la cifra de refugiados alcance los 3,4 millones. Cerca de 6.000 personas dejan cada día el país, un flujo inédito desde el genocidio ruandés de 1994.

¿Con qué armas cuenta el régimen?

Es difícil saber qué fuerzas tiene el régimen de Bachar el Asad para responder a una hipotética intervención militar extranjera. La mayoría del equipo militar sirio es de origen ruso y gran parte fue fabricado durante la época soviética. En muchos casos, el deterioro y la falta de repuestos ha disminuido su eficacia. También hay que tener en cuenta que en los casi dos años y medio de conflicto civil se han producido deserciones y pérdida de equipamiento en las filas del régimen, así como ataques rebeldes a los arsenales del Ejército sirio.

Aún así, en los últimos años Rusia ha vendido equipamiento militar avanzado al régimen de

Damasco. Especialmente importante ante la perspectiva de una intervención extranjera es la entrega, supuestamente prevista para 2014, de un lote de misiles antiaéreos S-300. Estos dispositivos son los más modernos del arsenal ruso, y pueden ser un factor importante en caso de que se produzcan ataques con misiles o aviones no tripulados (drones). El pasado mes de mayo, Bachar el Asad declaró en una entrevista a El Manar, la televisión libanesa controlada por Hezbolá, que sus fuerzas armadas ya disponían de los S-300 y que el Ejército estaba siendo entrenado en su uso. El Kremlin negó esta información, pero defendió su postura de vender armas a Damasco, alegando que son transacciones conformes con la legalidad internacional.

¿De cuántas armas químicas dispone Siria?

En agosto de 2012, se calculaba que Siria disponía del cuarto arsenal químico más grande del mundo y el importante de Oriente Próximo. El régimen de Damasco es uno de los siete países que no forman parte de la Convención Internacional contra el uso de armas químicas, firmada en 1992. Los expertos afirmaron entonces que, con seguridad, el régimen de Asad disponía de al menos dos gases tóxicos en su arsenal: el gas mostaza, que produce quemaduras en los tejidos con los que entra en contacto —inclusive los internos— y el neurotóxico gas sarín. Varios expertos han afirmado que los síntomas presentados por las víctimas del ataque en los suburbios de Damasco de la semana pasada no coinciden con ninguno de los dos productos químicos.

¿Cuál es la presencia de los países partidarios de la intervención en la región?

El pasado viernes la Marina estadounidense decidió anular el regreso a la base de Norfolk, en el estado de Virginia, del USS Mahan, que terminaba su servicio en el Mediterráneo. Con esta decisión, Estados Unidos mantiene en la zona del Mediterráneo Oriental cuatro barcos armados con misiles de crucero. A menos de 200 kilómetros de la costa siria, se sitúan las bases aeronavales británicas de Akrotirí y Dekelia, donde varios observadores han registrado una "actividad fuera de lo normal" en las últimas horas. Aún más cerca de la frontera siria está la base estadounidense de Incirlik, en Turquía. El Gobierno turco es el principal defensor de una intervención internacional en Siria.

Urgente 25.com- global
Buenos Aires

Domingo, 01 de Septiembre de 2013 | 15:30

Turquía invade Siria

La situación no deja de empeorar en Siria: tras la huída del primer ministro del régimen de Al Assad a Jordania, tropas turcas entraron en convoy en el país con la intención de combatir contra terroristas kurdos del PTK (Partido de los Trabajadores Kurdos). En ese marco de descontrol, el Pentágono ya planifica los siguientes pasos, tratando de evitar que la caída del régimen sirio se convierta en otro Irak, donde una guerra civil dejó miles de muertos luego de la invasión estadounidense.

Camión turco entra en Siria

VALOR AGREGADO

- Deserciones en el gobierno sirio: El primer ministro se fugó a Jordania
- Irán reúne a sus generales antes de entrar en guerra
- "Si quieres protegerte, deberías largarte ya"
- Rusia mueve una flota al Mediterráneo

CIUDAD DE BUENOS AIRES (**Urgente24**) - La situación en Siria no deja de empeorar: un convoy de fuerzas turcas apoyado por varios helicópteros ha entrado la ciudad siria de Jarablos, en la zona kurda, según la agencia de noticias iraní Press TV. La ciudad se ubica a 102 km de Alepo, bastión de los insurgentes opositores sirios.

El primer ministro turco **Recep Tayyip Erdogan** advirtió a finales de julio pasado que Ankara podría atacar al grupo armado del Partido de los Trabajadores de Kurdistán (PTK), que se ubica en el país árabe. Resaltó entonces que el ataque *"no es una cuestión de discusiones sino un hecho"*.

Este lunes Erdogan acusó al presidente sirio **Bashar al Assad** de prestar apoyo al PTK para que sus militantes se infiltren en territorio turco y realicen atentados terroristas. El primer ministro turco realizó esta declaración en una entrevista concedida a la cadena local ATV.

El conflicto entre Turquía y el PTK se remonta a más de 25 años. Tanto la OTAN como la Unión Europea consideran a esta fuerza política como una organización terrorista.

Entretanto, USA, aliado de Turquía en la OTAN y colaborador con las falanges rebeldes en Siria, ya hace sus planes para el país de Medio Oriente. **William Burns**, el subsecretario de Estado, está a cargo de la planificación y cuenta con la colaboración del embajador de USA en Siria, **Robert Ford**, que regresó a Washington después de que las operaciones diplomáticas en Damasco, se suspendieran en febrero.

Según NBC News, pretenden evitar revueltas como las ocurridas debido a la falta de planificación en Irak tras la destitución de **Saddam Hussein**. La disolución de las fuerzas de seguridad iraquíes llevada a cabo por el Gobierno de Bush poco después de la invasión liderada por USA en 2003, desencadenó una sangrienta guerra civil en la que perecieron miles de civiles.

USA indicó que no quiere que el Ejército sirio se disuelva y pretenden que aquellos que no participaron directamente en los enfrentamientos colaboren con el régimen sucesor al de Al Assad. Hace tan sólo unas semanas el subsecretario de Asuntos Públicos del Departamento de Estado, Mike Hammer, aseguró que USA, junto a sus aliados, están tratando de crear *"condiciones que conduzcan a un rápido colapso del régimen sirio"* y *"se están concentrando en la preparación de su población para la inevitable caída de su presidente, Bashar al Assad"*.

Asimismo, precisó que la intención de Washington es conseguir una situación que *"permita una transición política"* favorable a USA. El secretario de Defensa de USA, Leon Panetta, también aconsejó hace unos días a Al Assad abandonar Siria si quiere protegerse a sí mismo y a su familia, y anticipó lo que habrá que hacer en el país árabe tras el derrocamiento del régimen. En las últimas semanas los enfrentamientos entre la oposición armada siria y las fuerzas gubernamentales se han concentrado en Damasco y la capital financiera del país, Alepo.

Una flota rusa atraca en Siria
(Hace un año)

🌐HispanTV

Una flota rusa, símbolo de amistad entre Siria y

16

Rusia, ha arribado la madrugada de este domingo en la base naval de Tartus, sita en el este de Siria.

"Los navíos atracaron en Siria. Su visita tiene por objetivo acercar a los dos países y reforzar los lazos de amistad" entre ambas naciones, ha afirmado el oficial de la marina rusa Yakushin Vladimir Anatolievich, informa SANA.

Anatolievich ha declarado que los capitanes de los barcos que conforman la flotilla rusa han expresado su apoyo al pueblo y a las autoridades de Siria por la difícil situación que han debido enfrentar en los últimos meses.

Desde mediados del mes de marzo de 2011, según el gobierno sirio, grupos opositores, orquestados desde el exterior, han organizado disturbios en el país árabe, en los que muchos ciudadanos han perdido la vida o han resultado heridos.

El pueblo sirio ha tomado las calles y las plazas del país para expresar su apoyo al gobierno del presidente Bashar al-Asad, y condenar enérgicamente cualquier injerencia extranjera en los asuntos internos de su territorio.

Rusia ha manifestado, en diversas ocasiones, su rechazo a la intervención extranjera en Siria y en el octubre del año pasado aplicó el derecho a veto contra un proyecto de resolución del Consejo de Seguridad de las Naciones Unidas sobre Siria.

EEUU no se comporta para nada como una democracia

Noam Chomsky

18-08-2013

"Estados Unidos (EEUU) no se comporta para nada como una democracia", dijo el filósofo y lingüista estadounidense Noam Chomsky durante el Foro Mundial de Medios que cada año realiza la cadena alemana Deutsche Welle.

Chomsky opinó que la mayoría de las políticas de EEUU contravienen el deseo de la mayoría del pueblo, y se remitió al estudio de las actitudes sociales y la política que muestra una correlación entre ellos.

"Aproximadamente el 70% de la población, el 70% que se encuentra en un nivel inferior en términos de riqueza/ingresos, no tiene ninguna influencia sobre la política", dijo.

El crítico explicó que a medida que algunos avanzan en la escala de riqueza/ingresos, obtienen un poco más de influencia en la política, de tal forma que, al llegar a la cima -explica- "una décima parte del uno por ciento obtienen básicamente lo que quieren, es decir, determinan la política".

"Así que, el término apropiado para eso no es democracia, sino plutocracia", concluye Chomsky.

Chomsky opinó que en tales circunstancias las elecciones carecen cada vez más de sentido, ocurriendo en gran medida "como en los países del

Tercer Mundo" que -dice- "se rigen por las instituciones financieras internacionales".

"EEUU no es neutral en proceso de paz palestino-israelí"
HispanTV

Declaraciones de Noam Chomsky en la ciudad suiza de Ginebra 28-07-2013

El prominente activista estadunidense pro derechos civiles Noam Chomsky cree que Washington no podría actuar como mediador en las negociaciones de paz israelí-palestino, ya que no es neutral.

Durante una conferencia celebrada este viernes en la ciudad suiza de Ginebra, Chomsky ha estimado que las conversaciones entre israelíes y palestinos, auspiciadas por EE.UU., probablemente no conducen a un buen resultado.
Además, al decir que Europa,"sigue constantemente la postura de EE.UU.", ha criticado a los países del continente viejo por haber adoptado las mismas posiciones políticas de la Casa Blanca que favorecen al régimen israelí. Sin embargo, no ha descartado que Europa pueda ejercer un papel útil en el proceso de paz si desarrolla una política independiente en el Oriente Medio.
"Es difícil ser optimista, pero Europa podría

desempeñar un papel", ha dicho Chomsky agregando que "no hay ninguna razón de que Europa apoye los asentamientos ilegales" del régimen de Tel Aviv en los territorios ocupados palestinos.

El viernes pasado, el secretario de Estado de EE.UU., John Kerry, dijo que las autoridades palestinas y del régimen de Israel han "sentado las bases" para retomar los diálogos de paz. Sin embargo, sigue persistiendo el pesimismo sobre la posibilidad de que las negociaciones puedan marcar algún avance dado que el régimen de Tel Aviv sigue con sus políticas expansionistas en los territorios ocupados.

La colonización es el principal punto de bloqueo del proceso de paz entre el régimen israelí y los palestinos. El Estado palestino exige que se congele totalmente la colonización y que el régimen de Tel Aviv se refiera a las fronteras antes de que este régimen ocupara en 1967 Cisjordania, Gaza y Al-Quds (Jerusalén Este); una reclamación rechazada por las autoridades israelíes.

La comunidad internacional considera ilegales todas las colonias en los territorios palestinos ocupados, independientemente de si han sido o no autorizadas por el régimen israelí. Más de 360.000 colonos israelíes viven en Cisjordania y cerca de 200.000 en las zonas de colonización de Al-Quds.

Fuente:
http://hispantv.com/detail/2013/07/27/234436/eeuu-neutral-proceso-paz-palestino-israeli

Siria: Antes de que sea demasiado tarde

Guillermo Almeyra
(especial para ARGENPRESS.info)

Estados Unidos y las ex potencias coloniales de la región se preparan a agredir militarmente a Siria. Pero, como en la guerra contra Serbia, los blancos principales reales son otros. En este caso, nuevamente Rusia, la gran potencia en crisis, dueña del gas y del petróleo del Norte, e Irán, la amenaza político social a las monarquías del Golfo y a Israel y la clave para el petróleo del Golfo. Pero un golpe contra esos países y China, que defiende a Irán y a Siria y tiene acuerdos fundamentales con Rusia, prepara también una posterior agresión contra Venezuela (protegida por ellos y también dueña de inmensas reservas petroleras).

La guerra que están por lanzar contra Siria busca, en el fondo, hacer volver a fojas cero el proceso de descolonización abierto con el fin de la Segunda Guerra Mundial e instalar a Israel como única potencia vasalla en la zona, derrotando el proceso de democratización en el mundo árabe. Sobre todo, es la típica respuesta del capitalismo a su larga crisis económica que no cesa: el capital financiero internacional espera, como en el pasado, salir del estancamiento con una gran guerra que destruya bienes y millones de personas y cree el gran negocio de la reconstrucción en condiciones mundiales de servidumbre y semiesclavismo. Por eso está todo unido: la desocupación creciente en Europa, la anulación masiva de conquistas sociales, la prolongación de la edad para jubilarse y la reducción de las ayudas sociales como en Francia, los ataques especulativos contra la moneda brasileña, los fallos en Estados Unidos a favor de los fondos buitres en el caso de Argentina para llevarla a la quiebra, los esfuerzos para desestabilizar a Venezuela, así como la represión en Túnez o la contrarrevolución en Egipto, apelando incluso a una alianza con las fuerzas de Mubarak.

La gran ofensiva del capital contra salarios directos e indirectos en todos los países, las leyes reaccionarias, las embestidas contra los gobiernos "progresistas", tienen su expresión político-militar directa en la preparación de una gran guerra en Medio Oriente. Ésta, pese a la cautela de una parte del Pentágono y de Israel mismo, que temen ver en Damasco un gobierno islámico fundamentalista en vez y son partidarios de un golpe limitado, podría extenderse a buena parte del globo y transformarse en una terrible catástrofe sin precedentes en costos materiales y humanos.

La ceguera de la izquierda tradicional europea que rechaza las políticas sociales de sus respectivos gobiernos pero no centra sus esfuerzos en denunciar e intentar impedir la costosísima y devastadora guerra que se prepara, muestra que de esa gente no se puede esperar nada. Hay que reaccionar sin ellos y por sobre ellos.

El pretexto para la guerra contra Siria es la dictadura del régimen de los Assad, régimen odioso que durante décadas sirvió de sostén indirecto y garantía al racismo y el apartheid de Israel en la zona. Pero no se puede creer en sus cómplices, que ahora quieren ser sus verdugos. El mismo día en que Foreign Policy publicó documentos desclasificados de la CIA y el Departamento de Estado que comprueban que en 1988 éstos sabían que Saddam Hussein tenía gas sarín y lo utilizaría contra Irán y lo ayudaron a lanzarlo, el Reino Unido y Estados Unidos decidieron atacar a Siria sin esperar siquiera el informe de la comisión investigadora de la ONU presente en ese país para dilucidar si se utilizaron armas químicas y, en caso de que así fuere, quién lo hizo, si un grupo opositor o el ejército sirio.

Como en el caso de la agresión a Irak, el veredicto de los piratas está listo antes de ninguna prueba o proceso. Así, apenas hizo pie en un charco de sangre el grupo militar reaccionario que reprime la revolución democrática en Egipto, Londres y Washington, con su faldero socialista proisraelí francés, decidieron actuar en Siria porque la no intervención del régimen de El Cairo en defensa de Siria les daba luz verde para su aventura. Como en Afganistán, donde los estadounidenses armaron y utilizaron a Ben Laden y a los talibanes contra la entonces Unión Soviética (y después tuvieron que combatir contra el monstruo que habían engendrado), las potencias imperialistas, a pesar de las dudas de Tel Aviv, apoyan en este caso a grupos salafistas que mañana no les obedecerán y se preparan a sumir a Siria en un conflicto interreligioso e interétnico igualmente sangriento al de la ex Yugoslavia.

En efecto, el gobierno dictatorial sirio cuenta con el apoyo de alauitas, cristianos de diversos credos, palestinos, minorías islámicas que rechazan el fundamentalismo de la gente financiada por Qatar y, además, una guerra interétnica e interconfesional en Siria se extenderá inevitablemente al Líbano, como en el pasado, y no sólo porque Hezbollah apoya a Assad sino también porque en el Líbano las viejas potencias quieren reconquistar por completo su dominación.

Si Rusia (y China) no resistiesen la operación imperialista en Siria, pondrían su cuello en la guillotina y abrirían el camino a la colonización de Irán y de sus propios territorios. O sea, a un mundo que uniese una brutal reducción de los derechos humanos de tipo nazi con el retorno del racismo y del colonialismo y la superxplotación esclavista de cientos de millones de seres humanos.

El destino de Siria lo deben decidir los sirios, no los qataríes, ni los imperialistas. La guerra debe ser repudiada mundialmente e impedida antes de que sea demasiado tarde. Hay que exigir en todas partes a los gobiernos una inmediata oposición explícita a la aventura bélica.

¡Ni un soldado ni un peso para la aventura contra el pueblo árabe! ¡Cese inmediato del apoyo militar y en armas de gran calibre a los llamados rebeldes sirios! ¡Inmediatas negociaciones políticas de paz en Siria sobre la base de un cese el fuego para preparar una Asamblea Constituyente que determine su régimen político!

Según Noam Chomsky, Obama aumenta el peligro de una guerra nuclear al utilizar *drones* en lucha antiterrorista

"EEUU e Israel, amenazas principales a la paz mundial"

Descarta que revelaciones del ex agente de la CIA Snowden tengan efectos en la opinión pública

Eva Usi

Fuente:
http://www.jornada.unam.mx/2013/06/22/index.php?section=mundo&article=018n1mun

Una ráfaga interminable de flashes acompaña el paso titubeante del lingüista estadunidense Noam Chomsky, convirtiéndose en la muestra de su celebridad. Llegó a Bonn, Alemania, para abrir un foro global mediático de tres días, convocado por la emisora internacional alemana Deutsche Welle, que estos días está de fiesta al conmemorar el 60 aniversario de su fundación. La visita del prominente antiglobalista estaba cerrada para las entrevistas, pero fue él quien hizo una excepción por tratarse de *La Jornada*.

La visita del profesor emérito de lingüística del Instituto Tecnológico de Massachusetts y crítico acérrimo de la política estadunidense coincide con

25

la del presidente Barack Obama a Berlín, en un momento en el que su administración es criticada por su programa de *drones* y de espionaje para supuestamente proteger a los estadunidenses de potenciales ataques terroristas.

La suave voz de Chomsky no ha perdido filo. El ícono de la izquierda intelectual no tiene pelos en la lengua, al llamar burla la concesión del Premio Nobel de la Paz a Obama –al inicio de su gestión– y calificar a Estados Unidos e Israel de principales amenazas a la paz mundial. "Estados Unidos lleva a cabo una campaña global antiterrorista que no tiene contraparte. Esos *drones* son armas de terror", afirma Chomsky, y pone de ejemplo el ataque en un poblado en el que un supuesto terrorista ha sido asesinado. Si estás ahí y resultaste herido, te sentirás aterrorizado. Son aparatos para aterrorizar poblados, regiones. De hecho, países enteros.

El pensador remite durante la conversación a un estudio realizado por las universidades de Stanford y de Nueva York, que analizaron los efectos de una guerra con el uso de *drones* y llegaron a esa conclusión. Su utilización es sumamente peligrosa, porque con ello se está escalando el peligro de una guerra nuclear, advierte. Según Obama, la mayor amenaza a la paz mundial es el programa nuclear iraní, pero eso es una obsesión occidental. Los aliados de Estados Unidos en el mundo árabe, Egipto, Irak, Yemen y otros tal vez no quieran a Irán, pero no lo consideran amenaza. Para estos países la principal amenaza son Estados Unidos e Israel.

Chomsky explica lo que él llama la estrategia de persuasión iraní. "Si tienen un programa nuclear, ni la inteligencia estadounidense lo sabe. Es una manera de impedir un posible ataque de Estados Unidos. Esto se convierte en algo intolerable para Washington, acostumbrado a hacer uso de la fuerza donde quiera.

Hay muchas maneras de lidiar con amenazas. De hecho, una de ellas acaba de pasar. Chomsky recordó la convocatoria a una conferencia en Helsinki, en diciembre pasado, para deliberar sobre una propuesta de países árabes para el establecimiento de una zona libre de armas nucleares en la región. Incluso avanzar unos pasos mitigaría cualquiera amenaza. ¿Qué pasó?, pregunta Chomsky, y él mismo responde: "A principios de noviembre Irán anunció que tomaría parte en la conferencia, y un par de días después Obama la canceló. Poco después hubo un encuentro organizado por el Washington Institute for Near East Policy, brazo del *lobby* israelí, al que asistieron oficiales de alto nivel de las administraciones Clinton, Obama y Bush. El único reporte que encontré fue en la prensa israelí. Decía que había sido un encuentro eufórico y que la diplomacia tenía todavía unos meses antes de que se produjera un ataque militar en Irán".

El filósofo apunta hacia el débil efecto de la diplomacia cuando no se cree en ella. Para colmo, la opinión pública poco puede hacer al respecto. Nadie sabe lo que está pasando. Las opciones para lidiar con una supuesta amenaza son mantenidas en secreto, y lo más probable es que estemos marchando hacia una guerra muy peligrosa, advierte.

Para el lingüista, basta con poner en relieve el poderío militar estadounidense. Si un país tiene unas mil bases castrenses y su gasto en ese rubro es equivalente casi al del resto del mundo en su conjunto, y si su tecnología militar está más desarrollada, lo más probable es que esta correlación se traduzca en acciones, expresa.

Noam Chomsky desestima que tenga algún efecto sobre la opinión pública estadounidense la revelación de Edward Snowden sobre el programa de espionaje masivo llamado PRISM para extraer información de utilidad para la CIA en la lucha contra el terrorismo. Snowden cumplió con su responsabilidad ciudadana al dar a conocer lo que el gobierno de su país está haciendo con la gente. Dudo que tenga efecto, y eso lo puedes notar por las reacciones que ha habido. Las reacciones de la élite y de la opinión pública.

El crítico antiglobalista apuntó que la élite considera necesarios dichos programas para proteger el país de posibles ataques terroristas. "Pero la idea de que nos protejan del terrorismo es una broma. La administración de Barack Obama está escalando la amenaza terrorista con su programa de *drones*, campaña que genera terrorismo. Si matas a alguien durante un ataque con *drones,* el poblado completo se convertirá en semillero potencial de terrorismo. Eso lo saben al nivel más alto. No es ningún secreto. Oficiales de alto rango lo han advertido. Así están generando terroristas, pero eso ya tiene tradición", asevera aludiendo a la guerra de Irak.

Interrogado sobre si para México es un desafío particular su cercanía con Estados Unidos, Chomsky responde recordando que Estados Unidos se encuentra hoy día en la mitad del territorio mexicano, conquistado en la guerra más perversa de la historia moderna, según el presidente Ulysses S. Grant. Tomemos como ejemplo las muertes por drogas que están destrozando México. Decenas de miles de personas asesinadas y la demanda viene de Estados Unidos. También los suministros vienen de Estados Unidos. La mayoría de las armas.

Chomsky critica a Estados Unidos y Canadá, principales consumidores, que están llamados a impulsar un cambio en la política de drogas que haga a un lado la criminalización del consumo y centre la atención en el tratamiento de adicciones y prevención. Se sabe que ello es mucho más efectivo y la mayoría de los países de Latinoamérica están de acuerdo en que la guerra contra el narcotráfico no tiene nada que ver con el consumo de drogas y sí ha sido sumamente dañina para las naciones de tránsito. Estados Unidos y Canadá rechazan un cambio, pese a que son el origen del problema. En el caso de Estados Unidos, con el agraviante de que es el principal proveedor de armas.

Chomsky considera que la democracia ha progresado sustancialmente en América Latina, donde por vez primera en 500 años los países se están liberando de la dominación occidental.

Como en Irak, Estados Unidos busca falsas razones para atacar Siria

Vicky Peláez (RIA NOVOSTI, especial para ARGENPRESS.info)

Iniciar una guerra de agresión es un crimen y ninguna situación política o económica puede justificarla (Robert H. Jackson, jefe de los fiscales norteamericanos en el Tribunal de Nuremberg, 1945-1946)

El cinismo del Premio Nobel de la Paz, Barack Obama y de sus secuaces incondicionales: el primer ministro británico, David Cameron y su homólogo francés, Francois Hollande, al acusar al gobierno de Siria de "usar armas químicas contra la población civil" sin presentar ninguna prueba concreta, ya superó con creces la desfachatez del ex presidente George W. Bush cuando en 2003 desató una guerra contra Irak a base de pruebas falsas sobre la existencia de armas de destrucción masiva.

Al menos en aquel entonces el ex secretario de Estado Colin Powell presentó fotos, videos, grabaciones telefónicas, inclusive un frasco con contenido desconocido, pero todo había sido fraguado por los servicios especiales como se descubrió después.

Pero para el desesperado Barack Obama es suficiente un video de fuentes anónimas, presentado en YouTube el 20 de agosto pasado por el supuesto uso de armas químicas contra la población civil y utilizado por el régimen de Bashar al-Assad en el barrio Ghuta localizado en el suburbio de la capital Damasco, para responsabilizar al gobierno sirio de este crimen.

Se calcula que en aquel ataque murieron entre 300 a 1,000 personas y más de 3,000 acudieron a los centros médicos. Pero lo curioso y para sorpresa del mundo el video de YouTube fue divulgado un día antes del uso de las armas químicas, incluyendo el gas sarín, que tuvo lugar el 21 de agosto pasado. ¡Qué falta de coordinación e imaginación en prefabricar y presentar una prueba teniendo a su disposición 17 servicios de inteligencia nacional, más el MI6 británico y la DGSE francesa!

Para estos tres líderes de los iluminados halcones de guerra no vale nada la declaración de la presidenta de la Comisión Internacional Independiente de Investigación de Armas Químicas y Biológicas en Siria de las Naciones Unidas, Carla del Ponte hecha el 28 de agosto pasado indicando el uso del gas sarín o GB por los "rebeldes de oposición" el fatídico 21 de agosto. El senador norteamericano Bob Corker, expresando la opinión de Washington ya lanzó su grito de guerra anunciando que "La respuesta de Estados Unidos por el uso de armas químicas en Siria por su gobierno es inminente, será una operación militar quirúrgica en Siria que no necesita ninguna autorización de nadie", dijo. Para acelerar un posible ataque contra Siria en apoyo de los mujahidines, el secretario de Estado, John Kerry llamó al secretario de las Naciones Unidas, Ban Ki-Moon para que pare la investigación en Ghuta del prestigioso especialista sueco, Ake Sellstom y su equipo de la Organización para la Prevención de Armas Químicas aduciendo que ya era demasiado tarde para obtener pruebas.

Sorpresivamente por primera vez desde su elección como Secretario General de las Naciones Unidas en 2007, Ban Ki-Moon se opuso y decidió concluir la investigación sobre el uso del gas sarín, además su portavoz, Farhan Haq desmintió los argumentos de John Kerry indicando que "el gas sarín puede ser detectado meses después de su uso". Esta desobediencia de Ban Ki Moom a Washington le podrá costar caro en el próximo futuro. Mientras tanto su equipo de investigación de la Organización de las Naciones Unidas (ONU) prometió presentar pruebas concretas el 31 de agosto. El apuro de Estados Unidos y sus aliados de iniciar acciones bélicas contra Siria lo más pronto posible y sus presiones sobre la ONU son comprensibles. Washington tiene miedo de que los investigadores no obtengan pruebas del ataque usando el gas sarín por las fuerzas armadas de sirias.

Lo mismo pasó en el 2002 y 2003 cuando Norteamérica rechazó la conclusión de los inspectores de la ONU sobre la ausencia de las armas de destrucción masiva en Irak y les ordenó salir del país abruptamente. En aquel entonces el gobierno de George W. Bush había tomado la decisión con anterioridad de ir a la guerra y no les importó ni la opinión pública mundial ni las declaraciones de especialistas contrarias a su plan. Algo parecido está pasando ahora. Recientemente hubo una reunión de Estados Unidos y sus aliados en Jordania, donde están estacionadas las tropas norteamericanas, para decidir próximos pasos a seguir en relación a Siria y presentar sus "propias evidencias" para justificar lo injustificable: una agresión contra Siria.

No es la primera vez que se habla del uso de armas químicas en Siria. Tales incidentes tuvieron lugar en marzo y mayo pasados y en ambos casos fueron presentados pruebas de que las usaron tanto al-Qaeda como su brazo derecho en Siria, al-Nusra (Frente Nusra) cuyos mujahidines han ido recibiendo entrenamiento en Turquía en los últimos dos años y se le considera uno de los más vociferantes enemigos del régimen de Assad. Hace poco la policía turca les decomisó a sus militantes contenedores de gas sarín. A la vez Qatar y Arabia Saudita están financiando estas organizaciones terroristas. Todo esto significa que Estados Unidos, Reino Unido, Francia e Israel están en una estrecha y abierta alianza tanto con al-Qaeda como con al-Nusra en Siria, a pesar de llamarlos oficialmente terroristas y enemigos del occidente.

Hace poco en una entrevista con el periódico ruso Izvestia, el presidente sirio Bashar al-Assad aclaró que "El principal motivo por el que continúan las acciones militares es la gran cantidad de terroristas que llegan continuamente a Siria desde el extranjero. Además, continua la financiación de estos, desde el extranjero, así como el suministro de armamento…El terrorismo no es como una carta de naipes en el bolsillo que puedes sacar y utilizar cuando lo deseas y después volverla a guardar. El terrorismo, como el escorpión, muerde en cualquier momento. En consecuencia, no se puede estar a favor del terrorismo en Siria y en contra de él en Mali". Respecto a la acusación por el uso de armas químicas, contestó con una pregunta: ¿"Acaso el Estado puede utilizar armas químicas o cualquier otro tipo de armas de destrucción masiva en un lugar donde están concentradas sus tropas? Por esto, este tipo de acusaciones son exclusivamente políticas", dijo.

En realidad la decisión de sacar del poder al presidente de Siria Assad fue tomada hace siete años por Washington. De acuerdo a WikiLeaks que divulgó un informe de la embajada norteamericana en Damasco dando consejos al gobierno sobre los puntos vulnerables del gobierno sirio y las acciones para tomar para terminar con su régimen. Sin embargo, un año antes, en 2005, la ex secretaria de Estado Condoleezza Rice advirtió sobre los "próximos cambios en el Medio Oriente de acuerdo a los intereses de seguridad nacional de Norteamérica". Posteriormente apareció la declaración del ex comandante de la OTAN durante la guerra de 1999 en Yugoslavia, el general retirado Wesley Clark, anunciando que "Vamos a invadir siete países en cinco años comenzando con Irak, después Libia, Somalia, Sudán, Líbano, Siria y finalmente Irán."

En relación a Siria, el ex líder de los Demócratas Liberales británicos, Lord Ashdown declaró que la CIA con el dinero de Arabia Saudita y Qatar (unos tres mil millones de dólares) transfirió a los grupos jihadistas en Siria 3.500 toneladas de armamento procedente de Bosnia. "Lo que quiere Estados Unidos es fomentar grupos de jihadistas suníes para que hagan la guerra contra shiitas en Siria e Irán". Actualmente existen en el país 1.200 unidades de este tipo. En la guerra de Irak los norteamericanos hicieron al revés, fomentaron la guerra de los shiitas contra los suníes para debilitar ambos lados y enfrascarlos en la enemistad que perdura hasta ahora. La organización al-Qaeda, creación de los Estados Unidos y que fue admitido públicamente por Hilary Clinton, ha sido el instrumento principal de los norteamericanos para no permitir la unidad y la integración en el Medio Oriente.

Frente a la solidez y fortaleza del régimen de Bashar al-Assad que los mercenarios de al-Qaeda y de al-Nusra no pudieron derrocar o simplemente debilitar, Estados Unidos utilizará tarde o temprano sus "limitados ataques quirúrgicos" parecidos a los que realizó contra Yugoslavia en 1999. Para eso, como informa el diario Marine Corps mandó a la región cuatro destructores armados con misiles de crucero Tomahawk y dos unidades expedicionarias de marines: número 26 y número 13.

Apenas se anunció la posibilidad de un ataque contra Siria con misiles Tomahawk las acciones de la corporación Raytheon que los ensambla subieron drásticamente en el Wall Street, después que se divulgó la información que para destruir los 50 blancos vitales para la seguridad nacional de Siria se necesitarían no menos de 500 misiles Tomahawk, costando cada uno de ellos no menos de un millón de dólares. Si se confirma la tesis de que la guerra trae sufrimiento a unos y el enriquecimiento a otros.

Sin embargo, la bravura belicosa de Barack Obama y de sus aliados británicos y franceses después de propagarse el famoso video en YouTube el 20 de agosto pasado, empezó a sentir mella el jueves 29 de agosto cuando el parlamento británico votó contra la moción del primer ministro David Cameron pidiendo autorización de acción militar contra Siria. Por primera vez este halcón británico tuvo que reconocer que "No se puede afirmar con seguridad del 100 por ciento quién es el responsable del ataque químico". Después de la votación del parlamento, el ministro de defensa, Philip Hammond anunció que el Reino Unido no va a participar en las acciones militares contra Siria.

Unas horas antes, el gobierno de Italia indicó que no apoyará ataque contra Siria si no existe una resolución de la Organización de las Naciones Unidas y tampoco permitirá el uso de seis bases militares que Estados Unidos tiene en el país. La canciller de Alemania, Angela Merkel se puso de acuerdo con el presidente de Rusia Vladimir Putin de no apresurarse con ninguna decisión antes de tener el informe del Consejo de Seguridad de las Naciones Unidas.

Aprovechando este momento de debilidad en la alianza FUKUS (Francia, Reino Unido y Estados Unidos) el gobierno de Siria anunció que estaba listo para la invasión teniendo a su disposición más de 8.000 militares dispuestos a convertirse en kamikazes en caso de intervención militar, apoyo de la mayoría del pueblo sirio, del Irán del Hezbolá libanés. El presidente Bashar al-Assad advirtió que "las amenazas de agresión contra Siria no harán sino fortalecer nuestra fidelidad a los principios de independencia de nuestro pueblo. Siria sabrá defenderse frente a cualquier agresor".

La palabra final pertenece ahora al Premio Nobel de la Paz, Barack Obama que inesperadamente perdió un fuerte aliado en su iniciativa bélica, Gran Bretaña quedándose con Francia, la Liga de los Países Árabes, Israel, Turquía y sus nuevos seguidores lituanos, estonianos y letuanos - pobres pero belicosos para el gusto de su amo. El 60 por ciento del pueblo norteamericano está contra el plan de Obama de efectuar un "ataque militar limitado" contra Siria. ¿Escuchará esta vez Barack Obama la voluntad de su pueblo o se guiará como ha hecho el y todos sus predecesores, siempre por los intereses de las corporaciones como Raytheon y ofreciendo como es su costumbre mentiras burdas a sus ciudadanos para justificar una nueva aventura bélica injustificable y rechazada por la mayoría de la población mundial?. Solamente el tiempo dará la respuesta.

Un proverbio árabe reza: "Lo pasado ha huido, lo que esperas está ausente y el presente es tuyo".

[Mundo]
Los pretextos más dudosos que ha utilizado EE.UU. para lanzar una guerra

NOTICIAS DE AMÉRICA LATINA Y CARIBE

RT Organización Autónoma sin Fines de Lucro TV-Novosti

28 ago 2013- AFP

"El veredicto es claro: Al Assad usó armas químicas contra civiles", anunció la embajadora de EE.UU. ante la ONU, Samantha Power. Eso, sin tener la conclusión de los inspectores. No es la primera vez que EE.UU. recurre a este sistema.

El secretario de Estado de EE.UU., John Kerry, señaló el lunes que EE.UU. está "casi seguro" de que el Gobierno sirio utilizó armamento químico, y reiteró la necesidad de una respuesta adecuada. El Reino Unido y Francia hicieron declaraciones similares. La cadena NBC filtró que los ataques con misiles contra Siria podrían ser lanzados "este jueves".

Los vídeos de Siria

El pasado 21 de agosto en los medios de comunicación estadounidenses aparecieron informaciones contradictorias sobre un presunto ataque con gases mortales en el suburbio oriental de Damasco, Guta. En YouTube hay numerosas grabaciones con imágenes de las víctimas, niños sobre todo. Sin embargo, el bloguero ruso Serguéi Filátov duda de la veracidad de los vídeos. Argumenta que algunos fueron colgados en la Red antes del propio ataque y acentúa que el personal médico que se ve al lado de las víctimas no toma medidas de precaución, aunque se sabe que el gas sarín se queda en la ropa durante varias horas y sigue siendo mortalmente peligroso.

La historia mundial ya conoce casos en los que EE.UU. ha declarado la guerra apoyándose en pretextos dudosos o en provocaciones. A continuación les recordamos los casos más destacados.

La explosión del acorazado Maine

El 25 de enero de 1898 el acorazado de EEUU, de segunda clase Maine entró en el puerto de La Habana sin haber avisado previamente de su llegada, lo que era contrario a las prácticas diplomáticas y fue calificado de maniobra intimidatoria y de provocación hacia España, que se mantenía firme en su rechazo a la propuesta de compra realizada por EE.UU. sobre Cuba y Puerto Rico. El 15 de febrero el Maine saltó por los aires. De los 355 tripulantes, murieron 256. El resto sobrevivió, ya que a la hora de la explosión gozaba de un baile en la ciudad dado en su honor por las autoridades españolas. Desde el primer momento EE.UU. sostuvo que la explosión había sido provocada por un artefacto externo y desataron una amplia campaña mediática. Investigadores españoles, por su parte, argumentaron que no podía tratarse de una mina, pues esta habría hecho al barco saltar literalmente del agua y habría dejado peces muertos en el puerto, algo que no había sucedido. Apelaron, además, al propio carácter de los daños que había sufrido la nave.

Estudios actuales concluyen que se trató de un estallido interno. Algunos apuntan a una explosión accidental de la santabárbara provocada por el calentamiento de los mamparos que la separaban de la carbonera contigua, que en esos momentos estaba ardiendo. En 1975, el Almirante de los Estados Unidos Hyman G. Rickover, llevó a cabo una extensa investigación que concluyó que "una fuente interna fue la causa de la explosión del Maine". El caso sirvió de pretexto oficial para la guerra hispano-estadounidense, que llevó a la futura independencia formal de Cuba e hizo a España ceder Filipinas, Puerto Rico y Guam a EE.UU.

El incidente del golfo de Tonkín

El 31 de julio de 1964 se inició la primera etapa de una patrulla de rutina en el golfo de Tonkín. El 2 de agosto, el crucero estadounidense Maddox fue interceptado por tres lanchas patrulleras de Vietnam del Norte. Según una de las versiones, la nave estadounidense había penetrado en las aguas territoriales vietnamitas. Cuando las lanchas se acercaron, Maddox les disparó tres salvas de advertencia, los barcos respondieron con torpedos y se produjo un intercambio de fuego con la participación de cuatro aviones de EE.UU. Los norvietnamitas se retiraron, cuatro de ellos murieron, mientras que ningún estadounidense resultó herido.

El 4 de agosto Maddox acompañado por un destructor realizaba otra patrulla, cuando radar, sonar y radio empezaron a dar informes electrónicos y visuales sobre otro ataque de la Marina de Vietnam del Norte. Durante dos horas los barcos dispararon contra objetivos de radar maniobrando con fuerza. Por la madrugada el capitán de Maddox envió un cable a Washington diciendo que por lo visto no había embarcaciones vietnamitas en la zona y atribuyó las señales electrónicas a la mar gruesa. Posteriormente, numerosos testimonios apoyaron la versión de que el ataque del 4 de agosto no existió. Sin embargo, en respuesta a las supuestas 'agresiones', el presidente Lyndon B. Johnson convocó el 7 de agosto al Congreso y recibió su autorización para emprender la Guerra de Vietnam, que arruinará la economía de EE.UU. y dejará un saldo de 47.378 estadounidenses caídos en combate, 10.799 fallecidos a causa de heridas, unos 150.000 veteranos que se suicidaron posteriormente y más de dos millones de vietnamitas civiles muertos.

Las operaciones Fuerza Deliberada y Fuerza Aliada

El 28 de agosto de 1995, durante la guerra de Bosnia (1992-1995), cinco proyectiles de mortero dejaron un saldo de 37 muertos y 90 heridos en el mercado de Markale de Sarajevo. A pesar de que las respectivas investigaciones mostraron unos resultados muy diferentes sobre qué parte del conflicto había podido lanzar los proyectiles, EE.UU. y los demás miembros de la OTAN no vacilaron en atribuir el ataque al Ejército serbobosnioy entre finales de agosto y mediados de septiembre de 1995 emprendieron la operación Fuerza Deliberada, la primera gran operación de combate de la OTAN desde su creación en 1949, que consistió en una serie de bombardeos sobre la República Srpska.

El 15 de enero de 1999 las fuerzas serbias de seguridad quitaron la vida a 45 residentes de nacionalidad albanesa del pueblo kosovar de Racak, argumentando que se trataba de paramilitares armados. La Agencia de Información de EE.UU. publicó un informe de expertos europeos que aseguraba que las víctimas eran civiles fusilados. Sin embargo, un grupo de expertos bielorrusos y finlandeses testimonió que los muertos tenían huellas de pólvora en las manos y que los cuerpos tenían balazos, pero no su ropa, lo que les hizo concluir que a los cadáveres les cambiaron de ropa para simular que eran civiles. El público general nunca tuvo acceso a esta información.

La masacre de Racak sirvió de pretexto para que Washington y sus aliados lanzaran un bombardeo de 78 días —entre marzo y junio de 1999— contra la entonces Yugoslavia. La llamada 'Operación Fuerza Aliada' se cobró la vida de 528 civiles, 88 niños entre ellos, y dejó el país semidestruido y contaminado con la radiación proveniente de armamento con uranio empobrecido usado por la OTAN.

Una entrevista y un modelo de ántrax falsificados

En 1990, durante la guerra del golfo Pérsico, una chica llamada Nariyah contó que en un hospital kuwaití soldados iraquíes agarraron las incubadoras y dejaron a los niños muriendo en el suelo frío. Sus palabras fueron transmitidas por las principales cadenas de EE.UU. y vistas por al menos 35 millones de estadounidenses. Siete senadores la citaron para apoyar el uso de la fuerza contra Irak. El entonces presidente George Bush mencionó esta historia al menos 10 veces durante las siguientes semanas. La niña era la hija del embajador kuwaití en EE.UU. La primera Guerra del Golfo dejó 2.278 bajas civiles en Irak y provocó una catástrofe ecológica sin precedentes: el Golfo resultó contaminado por unos 8 millones de barriles de petróleo, mientras que el desierto se quedó con unos 320 lagos de petróleo que tardaron una década en 'secarse'.

En la reunión del 5 de febrero de 2003 del Consejo de Seguridad de la ONU, el secretario de Estado de EE.UU., Colin Powell, se presentó con un bote de polvo blanco, asegurando que era ántrax con el que

Saddam Hussein estaba amenazando a la seguridad del mundo, y mostró otras pruebas de que Irak producía armas de la destrucción masiva. En 2004 admitió que una gran parte de las pruebas que justificaron la injerencia militar occidental en Irak no eran precisas. Ninguno de los informes de la inteligencia estadounidense que aseguraba que Hussein no disponía de armas de destrucción masiva se hizo público. La guerra de Irak dejó, según las fuentes, entre cientos de miles y 1,1 millones de bajas civiles.

Corbis RT
El analista internacional Fernando Buen Abad cree que Obama busca el respaldo del Congreso en una "decisión absurda" para crear un "acuerdo mascarado para convencernos de que hay una convicción política" para la agresión contra los sirios

El último discurso del presidente de EE.UU., Barack Obama, indica que es inminente la acción bélica contra Siria, justificándola con el uso de gas venenoso por parte del Gobierno de Assad contra su pueblo. No obstante, dijo que someterá la decisión al Congreso antes de emprender un ataque.

En opinión del analista internacional Fernando Buen Abad, la "debilidad" de Obama ante su propia nación y ante la comunidad internacional por los constantes escándalos, como el espionaje, por ejemplo, "lo obliga a buscar acompañamiento a esta decisión absolutamente absurda". Obama trata de "no solamente legitimar su decisión sino incluso de legalizarla con base en algún tipo de apoyo del Congreso", dice Abad.

Los argumentos para acusar a los puelos o invadirlos es una larga historia de EE.UU. inventando mentiras para operar con estos proyectos invasores

 En este contexto, sugirió que el mismo Congreso "debe estar interesado en participar en la actividad bélica" ya que "algunos de los congresistas son representantes de las empresas de producción de armamento", subrayó. Así, Obama y el Congreso buscan crear "un acuerdo básicamente mascarado para convencernos de que hay una convicción política para hacer semejante agresión contra el pueblo sirio", explicó.

Hablando sobre el hecho de que EE.UU. esgrime que las autoridades sirias usaron armas químicas pero todavía no han dado ningún prueba seria de esta denuncia, el analista dice que "la razón por la que no se exhiben las pruebas fundamentalmente es porque semejantes pruebas no han aparecido ni como solventes ni como suficientes", señaló.

Para concluir Abad dijo a **RT** que "los argumentos para acusar a los pueblos o para invadirlos es una larga historia de EE.UU. inventando mentiras, fabricándolas para operar con estos proyectos invasores" para sus intereses, como el interés por los recursos energéticos en el caso de Siria.
Etiquetas:

"Obama está ejecutando la mayor operación terrorista de la historia"

Noam Chomsky:

23-06-2013
Russia Today

La Casa Blanca "se dedica a aumentar el terrorismo" en todo el mundo a través de sus "ataques terroristas" con 'drones' en el extranjero, según el destacado académico estadounidense Noam Chomsky.

Hablando con la cadena estadounidense Free Speech TV sobre la política exterior de la Casa Blanca, el filósofo, lingüista y activista estadounidense Noam Chomsky afirmó que "la Administración de Obama se dedica a incrementar el terrorismo y lo hace en todo el mundo". "Obama está ejecutando tal vez la mayor operación terrorista de la historia: los asesinatos con aviones no tripulados solo son una parte de ella [...] Todas estas operaciones son de terror [...] porque aterrorizan a los locales".

"Se están generando las operaciones más terroristas", dijo Chomsky. "La gente reacciona" cuando pierde a un ser querido en un ataque aéreo estadounidense, agregó. "Ellos no dicen: 'Bien, no me importa si mi primo fue asesinado'. Se convierten en lo que llamamos terroristas. Esto lo comprenden en el más alto nivel"

Recordó el reciente testimonio ante el Congreso de un hombre yemení llamado Farea al-Muslimi, que denunció que un solo ataque de 'drone' logró "radicalizar" a todo su pueblo contra Estados Unidos.

"La gente odia el país que la aterroriza", concluyó Chomsky. "Eso no es una sorpresa. Es la forma en la que las personas reaccionan a los actos de terror".

Fuente:
http://actualidad.rt.com/actualidad/view/98075-chomsky-obama-operacion-terrorista

MIÉRCOLES, 28 DE AGOSTO DE 2013

Irak 2003 y Siria 2013. Estados Unidos de fraude en fraude: ¿Cuál es el límite?

JUAN FRANCISCO COLOANE

(especial para ARGENPRESS info)

Estados Unidos va de 10 en 10 años, en sus intervenciones militares para tener la supremacía a toda costa en la región donde están Siria, Irak e

Irán. Y, al unísono, va de fraude en fraude en el plano de la información para justificar sus operaciones.

El "a toda costa" no es gratuito y sin fundamento. En Irak 2003 se intentó implantar la evidencia de armas de destrucción masiva que justificaba la invasión una vez instalada la ocupación (Irak: Bitácora de un Fraude, 2004 Pehuén)

El inspector de armas que comisionó la ONU, Hans Blix, fue tan manipulado por la administración Bush, que nunca pensó en la hipótesis de la implantación. ¿Cómo se iban a descubrir las armas en cuestión, si no estaban? Es grotesco y chistoso si no fuera tan dramático por lo que significó una ocupación devastadora. El fracaso fue la evidencia y quedó demostrado por la cantidad de elipsis en el voluminoso informe al Congreso "The Iraq Sudy Group Report", 2006.

Con Siria, la evidencia del uso de armas químicas por el Ejército Sirio, ha sido implantada después de un largo proceso que comienza a mediados de 2012 y quizás antes. Como el ejército no daba muestras de claudicar, la oposición políticamente no funcionaba y el ejército rebelde era una pantomima de los medios anti Assad, las armas químicas era la carta escondida por si la resistencia a la invasión extranjera con terroristas se prolongaba.

Y así fue. Se prolongó más de la cuenta y allí estaba la asesoría de los servicios respectivos en

Israel, Reino Unido, Francia y Estados Unidos, para introducir armas químicas a través de la frontera con Jordania y utilizarlas contra el ejército Sirio y la población Siria opuesta a los rebeldes. Mi experiencia en Damasco y sus alrededores me demostró que cualquier atisbo de neutralidad o apoyo al gobierno era castigado con tortura o asesinato por los llamados rebeldes, que en su mayoría no son más que personal subcontratado por una compleja y sofisticada operación montada en Qatar, Jordania e Israel. Desde estas fuentes provino el personal que ejecutó la operación del fraude en la información al implantar la evidencia haciéndola aparecer como armas químicas utilizadas por el gobierno. El registro de armas químicas procedentes fuera de Siria ha comenzado a aparecer en los medios.

Ese es el desafío de la actual misión de ONU. Debe comprobar no solamente que existan afectados por las armas, o quién las utilizó, sino que se haga una auditoría completa del asunto incluyendo a las autoridades en los gobiernos de Jordania, Israel, Turquía, El Líbano, Irak, Qatar, y Arabia Saudí. La única forma de llegar a la verdad más completa, es a través de una investigación que penetre en el origen de las armas químicas que llegaron a Siria y que se detectan en cuerpos inertes y en población viva, así como en rastros en superficies.

No es fácil para dos semanas de inspección recopilar indicadores contundentes y en medio de una amenaza de atacar Siria con misiles Tomahawk. Este sí que es un factor distorsión, además que no ha habido un cese al fuego, hecho que impide el trabajo normal de una misión. Todo esto forma parte del mismo operativo de entregar el argumento para la intervención militar. Es curioso que exista un Consejo de Seguridad en la ONU de 15 miembros y sólo dos, China y Rusia, reparan en estas aberraciones a los procedimientos y la lógica más básica.

En 2003 fue Irak, en 2013 Siria e Irán tendrá que ser en 2023. Aparte del macabro juego con el tiempo, a Estados Unidos y sus aliados transatlánticos les convenía mas haber derrocado al gobierno Sirio con la figura del terrorismo disfrazado de ejército rebelde y que hubiera ocurrido en no más de un año después del asesinato de Gadafi.

Sin embargo fallaron por cálculos mal hechos y por una pobre información de la inteligencia israelita como británica y estadounidense respecto a la solidez de la cohesión política al interior de Siria, sus instituciones y especialmente el ejército. Sin mencionar el nulo apoyo popular a la incursión extranjera armada con una multinacional del terrorismo, que erróneamente se le puede atribuir exclusivamente al islamismo.

miércoles, 28 de agosto de 2013

Siria y la retórica de las armas químicas

LUIS BRIZUELA BRÍNGUEZ (PL)

La retórica sobre el presunto uso de armas químicas por parte del gobierno de Siria empuja los acontecimientos hacia una posible agresión militar que a juicio de jefes de Estado y expertos políticos, incendiará la región.

Tras alegar la llamada oposición armada que las autoridades emplearon agentes tóxicos el 21 de agosto, se desató una virulenta campaña por medios de prensa y algunas capitales de Occidente y Oriente Medio contra Damasco, con amenazas que preludian un ataque casi inminente.

Baten cada vez con mayor fuerza las cornetas llamando a una guerra que como las más recientes, emprendidas todas por Estados Unidos desde Kosovo (1999) a Libia (2011), pasando por Afganistán (2001) e Irak (2003), han sido fabricadas con espurios pretextos.

Todavía frescas se encuentran en la memoria colectiva mundial las maniobras de Collin Powell, exsecretario de Estado norteamericano, mostrando en la ONU planos y pruebas que "demostraban" que Sadam Hussein disponía de armas de destrucción masiva.

La invasión a Irak se consumó y destruyó al país, pero nunca fue hallado rastro alguno de dicho armamento.

Esta vez no es la excepción: Washington, Londres, París, Ankara, Riad, Doha, Ottawa, entre otros, refieren que resulta incuestionable que la administración del presidente Bashar al-Assad usó armas químicas contra la población y "debe ser castigado".

No obstante, eluden presentar las pruebas que permitan calzar tales imputaciones.

El eje que parece dispuesto a invadir Siria pasando por encima de la autoridad de Naciones Unidas, del Consejo de Seguridad y de la legislación internacional, ni siquiera toma en cuenta que en Damasco se encuentra un grupo del organismo mundial que efectúa pesquisas sobre el uso de gases tóxicos y debe ser escuchado su veredicto.

Precisamente el hipotético ataque ocurrió tres días después de que llegara al país la comitiva liderada por el profesor Ake Sellstrom, jefe de la oficina de la ONU para la investigación de armas químicas, invitado por el gobierno para dilucidar las múltiples denuncias efectuadas con antelación.

Siria ha manifestado su interés de que se efectué el estudio y brindado su colaboración en el proceso, aún cuando en Occidente se intenta desconocer tal apoyo.

Analistas coinciden en que resulta poco realista y casi imposible creer que las propias autoridades efectuaran un ataque semejante en medio de tales circunstancias y a pocos kilómetros de Damasco, en la región de Ghouta Oriental.

La zona es un punto de confrontación donde el Ejército Árabe Sirio combate a las bandas mercenarias apadrinadas por Occidente, que buscan hacerse del control de la capital: un eventual ataque químico sería desaconsejable para el gobierno teniendo en cuenta que morirían sus propias fuerzas.

Pocos refieren igualmente que los videos que dieron la vuelta al mundo y se esgrimieron como una "prueba de las atrocidades de al-Assad", fueron colgados en las redes sociales un día antes de efectuar la denuncia, lo cual refuerza la tesis, según expertos, de que las imágenes constituyen un gran montaje para inculpar al país.

Los medios de prensa y políticos que aducen que "el gobierno sirio resulta el único actor en el conflicto armado capaz de desatar un ataque químico" parecieran pasar por alto que en esta nación levantina grupos radicales islámicos, dentro de los cuales sobresale la red Al Qaeda, vienen cometiendo desde el inicio del conflicto actos atroces contra la población civil.

El Frente al-Nusra, una derivación de la entidad terrorista liderada por el asesinado Osama Bin Laden, no ha dudado en colocar coches bombas, atacar con proyectiles de morteros y cohetes y hasta cometer masacres de centenares de civiles en nombre de su ortodoxa interpretación del islam y los deseos de fundar un califato.

De igual forma, los extremistas protagonizaron incluso actos de canibalismo divulgado ampliamente por las redes sociales.

A inicios de diciembre de 2012, un inquietante video colocado en Youtube mostró a integrantes de la autodenominada Todopoderosa Brigada del Viento (Kateebat A Reeh Al Sarsar), uno de los tantos grupos mercenarios en Siria, probando armas químicas en conejos de laboratorio y amenazando con usarlas contra civiles sirios.

Varios medios se preguntaron en aquella ocasión: ¿Pudiera ser este el pretexto que lleve a algunos gobiernos a intervenir en el conflicto sirio para derrocar a al-Assad?.

Pese a ello, pocos se han cuestionado, basado en aquello del beneficio de la duda: ¿No pudieron ser los presuntos rebeldes quienes lanzaron gases tóxicos para frustrar la misión de la ONU, frenar el incuestionable avance ofensivo del Ejército, ofrecer los pretextos para una intervención armada y evitar sentarse a la mesa de diálogo de la proyectada Ginebra 2 y reconocer su derrota?

Otra pregunta queda: ¿quiénes son los máximos beneficiarios en tan complejo panorama?.

Cómo planea pelear Occidente en Siria y contra quién

Dmitri Kósirev
(RIA NOVOSTI, especial para ARGENPRESS.info)

Según las últimas noticias, la reunión ruso-estadounidense para la preparación de la conferencia internacional sobre Siria, Ginebra 2, prevista para hoy, 28 de agosto en La Haya, quedó cancelada por iniciativa de Washington.

De tal o cual manera, seguro que Occidente atacará a Siria. Pero la pregunta es ¿para qué? O, más bien, ¿por qué son tan tontos?

¿Por qué no ven las consecuencias evidentes de una acción militar? Y todo pese a que la experiencia de la guerra en Libia (y no sólo allí) parece no dejar lugar a dudas sobre cómo van a desarrollarse los acontecimientos esta vez. Ya son muchos los que parecen darse cuenta de que las armas químicas las usa la oposición, y es cierto que pronto aparecerán pruebas irrefutables de ello. Pero entonces, ¿para qué desatar una guerra?

Sólo en un caso pueden vislumbrarse algunos signos de lógica y razón en las acciones de Estados Unidos y sus aliados: si la intervención militar planeada está dirigida no contra el régimen de Bashar Asad, sino contra sus opositores.

El arma química está en "las manos incorrectas"

La rueda de prensa que el ministro de Asuntos Exteriores ruso, Serguéi Lavrov, concedió el martes pasado fue interesante en muchos sentidos. Y no sólo por sus declaraciones de que Rusia no se proponía pelear con nadie. El canciller ruso dio respuesta a todas las preguntas sobre el caso.

A mí me llamó la atención un detalle curioso que reveló Lavrov comentando la conversación telefónica que había mantenido con el secretario de Estado, John Kerry, la víspera. "Me interesé sobre en qué consiste la estrategia, cómo se planea alcanzar que la acción contra Siria, ya declarada por Estados Unidos (aunque no autorizada todavía) ayude a resolver los problemas de la región y no los multiplique sumergiendo la zona en una verdadera catástrofe. "¿Cuál es su plan?", pregunté. La respuesta fue más estrecha que mi pregunta. [Kerry] llamó a Rusia y China a adherirse a los esfuerzos por erradicar el arma química y prevenir que caiga en las manos incorrectas", contó Lavrov.

Creo que es una respuesta muy clara y lógica. La esencia de la cuestión son las armas químicas, que la oposición siria emplea regularmente como arma de destrucción masiva. Y esto ya sale del marco del conflicto interno en Siria.

Lavrov dijo en el curso de la rueda de prensa muchas cosas que evidencian que las armas químicas fueron empleadas precisamente por la oposición. Se puso en marcha un mecanismo bastante estricto para la inspección de lo ocurrido, y este proceso debía concluir en el Consejo de Seguridad de la ONU. En este caso, la conferencia sobre Siria habría tenido el único desenlace posible: ciertos grupos opositores no habrían tenido ninguna oportunidad de obtener ni siquiera una parte del poder en el país. Pero, entonces, ¿contra quién habría dirigido la oposición sus esfuerzos?

Ante esta situación, las acciones de la oposición parecen muy lógicas: provocar a Europa o Estados Unidos para que den algún paso decisivo, impidiendo que se celebre la conferencia sobre el arreglo pacífico para que no quede otro remedio que la guerra.

¿Ha dicho alguien que la aplicación de las armas químicas es la "línea roja"? Aquí está el arma química. Y no importa quién la haya usado.

No bastará con disparar misiles

Hablemos también sobre la lógica que guía a los ingleses, estadounidenses, franceses y a los demás que se proponen iniciar la acción militar. Son evidentes ya los síntomas de pánico. ¿Qué, en esencia, ha cambiado para tanta prisa? Sólo que la oposición ya está usando el arma de exterminio, causando posiblemente centenares de víctimas.

Si lo hiciera el Ejército de Asad, la situación estaría más o menos bajo control. Pero aquí se trata de varios grupos armados controlados por varias fuerzas de intereses diferentes (como Arabia Saudí y Catar). Esto es harina de otro costal.

Recordemos que ni siquiera Al Qaeda ha llegado al empleo de esta arma de destrucción masiva. Sí, empleó aviones civiles el 11 de septiembre, pero sin usar la bomba nuclear ni la química. Y ahora la situación es mucho más grave. Presten otra vez atención a las palabras de Kerry de que el arma ha caído "en las manos incorrectas".

Nadie, ni Estados Unidos, ni Gran Bretaña, puede controlar la oposición siria. Occidente no puede ejercer ninguna influencia sobre la oposición en esta guerra. Por eso ya es hora de esforzarse por crear esta influencia con métodos muy duros, ya que es lo único que pueden entender los muyahidines sirios.

También está claro que el Gobierno sirio no tiene ninguna posibilidad de quitarle a la oposición el arma química. Si pudiera, ya lo habría hecho.

Intentemos pronosticar cómo puede desarrollarse la acción militar de Occidente contra Siria en estas condiciones. Hay razones para suponer que Estados Unidos va a participar en ella de manera todavía menos activa y desde una distancia todavía mayor que en Libia. Las voces de la opinión pública estadounidense, que se pronuncia en contra de cualquier operación en Siria, son ahora mucho más intransigentes que en el caso libio.

Mientras tanto, británicos y franceses, se muestran muy dispuestos a meterse en la guerra. Lo mismo ocurrió en el caso de la intervención en Libia.

Pero en la situación existente, no bastará con disparar misiles desde lejos. Estos golpes no harán más que ayudar a la oposición siria, sin saber a qué parte de ésta concretamente. La única acción que tiene sentido es una intervención terrestre realizada de tal manera que tanto el poder como -y sobre todo- la oposición pierdan terreno y control sobre la situación en general.

¿Quién puede hacerlo? Seguro que no Estados Unidos. ¿Será Turquía, apoyada por fuerzas especiales de Gran Bretaña, de las que se habló mucho ya en la época de la guerra Libia? ¿Alguien más? Parece que pronto vamos a saber la respuesta.

Los archivos de la CIA demuestran que EE.UU.

apoyó los ataques químicos de Sadam Hussein contra Irán

Matthew M. Aid
Znet/ICH
Traducido para Rebelión por Germán Leyens

El gobierno de EE.UU. puede estar considerando una acción militar como reacción ante ataques químicos cerca de Damasco. Pero hace una generación, las comunidades militares y de inteligencia de EE.UU. estaban informadas y no hicieron nada por detener una serie de ataques con gases tóxicos mucho más devastadores que cualquier cosa que Siria haya visto, según *Foreign Policy*.

En 1988, durante los últimos días de la guerra de Iraq contra Irán, EE.UU. supo mediante imaginería satelital que Irán estaba a punto de lograr una importante ventaja estratégica aprovechando una brecha en las defensas iraquíes. Funcionarios de los servicios de inteligencia estadounidenses transmitieron la ubicación de las tropas iraníes a Iraq, plenamente conscientes de que los militares de Hussein atacarían con armas químicas, incluyendo el sarín, un arma química de extrema potencia como agente neurotóxico letal.

La inteligencia incluía imaginería y mapas sobre movimientos de tropas iraníes, así como la ubicación de instalaciones logísticas y detalles sobre las defensas aéreas iraníes. Los iraquíes utilizaron gas mostaza y sarín antes de cuatro

61

importantes ofensivas a principios de 1988 que se basaron en imaginería satelital, mapas, y otra información estadounidense. Estos ataques ayudaron a inclinar la guerra a favor de Iraq y a llevar a Irán a la mesa de negociación, y aseguraron que tuviera éxito la antigua política de asegurar una victoria iraquí del gobierno de Reagan. Pero también fueron los últimos en una serie de ataques químicos que duraron varios años y que eran conocidos pero no revelados por el gobierno de Reagan.

Funcionarios de EE.UU. han negado durante mucho tiempo su aquiescencia a los ataques químicos iraquíes, insistiendo en que el gobierno de Hussein nunca anunció que iba a utilizar las armas. Pero el coronel en retiro de la Fuerza Aérea, Rick Francona, quien era agregado militar en Bagdad durante los ataques de 1988, describe un cuadro diferente.

"Los iraquíes nunca nos dijeron que se proponían utilizar gas paralizante. No tenían que hacerlo. Ya lo sabíamos", dijo a *Foreign Policy*.

Según documentos recientemente desclasificados de la CIA y entrevistas con antiguos funcionarios de inteligencia como Francona, EE.UU. tenía evidencia firme de ataques químicos iraquíes que comenzaron en 1983. En aquel entonces, Irán afirmaba públicamente que tenían lugar ataques químicos ilegales contra sus fuerzas, y estaba preparando un caso para presentarlo a las Naciones Unidas. Pero carecía de la evidencia que implicara a Iraq, que en gran parte estaba contenida en informes y memorandos de máximo secreto enviados a los más altos funcionarios de inteligencia en el gobierno de EE.UU. La CIA se negó a comentar para este artículo.

En contraste con el actual penoso debate sobre si EE.UU. debería intervenir para detener supuestos ataques con armas químicas por el gobierno sirio, EE.UU. aplicó hace tres décadas un cálculo impasible ante el uso generalizado de armas químicas por Hussein contra sus enemigos y su propio pueblo. El gobierno de Reagan decidió que más valía permitir que los ataques continuaran si podían cambiar el desarrollo de la guerra. E incluso si eran descubiertos, la CIA apostó a que la indignación y condena internacionales serían acalladas.

En los documentos, la CIA dijo que Irán no podría descubrir evidencia persuasiva del uso de las armas – a pesar de que la agencia la poseía. La agencia también señaló que la Unión Soviética había utilizado previamente agentes químicos en Afganistán y sufrido pocas repercusiones.

Se ha informado previamente que EE.UU. suministró inteligencia táctica a Iraq al mismo tiempo que funcionarios sospechaban que Hussein usaría armas químicas. Pero los documentos de la CIA, que permanecieron sin que casi nadie se diera cuenta en un cúmulo de material desclasificado en los Archivos Nacionales en College Park, Md., combinados con entrevistas exclusivas con antiguos funcionarios de inteligencia, revelan nuevos detalles sobre la amplitud del conocimiento de EE.UU. sobre cómo y cuándo Iraq empleaba agentes químicos letales. Muestran que altos funcionarios estadounidenses estaban siendo regularmente informados sobre la escala de los ataques con gases tóxicos. Equivalen a una admisión oficial estadounidense de complicidad en algunos de los más horrendos ataques con armas químicas que hayan sido realizados.

Altos funcionarios de la CIA, incluyendo al Director de la Inteligencia Central, William J. Casey, buen amigo del presidente Ronald Reagan, fueron informados sobre la ubicación de las plantas de montaje de armas químicas de Iraq; que Iraq estaba tratando desesperadamente de producir suficiente agente de mostaza para satisfacer la demanda de primera línea de sus fuerzas; que Iraq estaba a punto de comprar equipamiento de Italia para acelerar la producción de munición de artillería y bombas con carga química; y que Iraq también podría utilizar agentes neurotóxicos contra tropas y posiblemente civiles iraníes.

Los funcionarios también fueron advertidos de que Irán podría lanzar ataques de represalia contra intereses de EE.UU. en Medio Oriente, incluyendo ataques terroristas, si creía que EE.UU. era cómplice en la campaña de guerra química de Iraq.

"Mientras los ataques iraquíes continúan y aumentan las posibilidades de que las fuerzas iraníes obtengan una granada con marcas iraquíes con un contenido de agente mostaza", informó la CIA en un documento de máximo secreto en noviembre de 1983, "Teherán llevará la evidencia ante la ONU y acusará a EE.UU. de complicidad en la violación del derecho internacional".

En esos días, la oficina del agregado militar seguía los preparativos iraquíes para la ofensiva utilizando imaginería de reconocimiento satelital, dijo Francona a *Foreign Policy*. Según un antiguo funcionario de la CIA, las imágenes mostraban movimientos iraquíes de materiales químicos a baterías de artillería frente a las posiciones iraníes antes de cada ofensiva.

Francona, experimentado veterano en Medio Oriente y lingüista árabe quien sirvió en la Agencia Nacional de Seguridad y en la Agencia de Inteligencia de la Defensa, dijo que supo primero del uso por Iraq de armas químicas contra Irán en 1984, mientras servía de agregado aéreo en Amman, Jordania. La información que vio mostraba claramente que los iraquíes habían utilizado agente nervioso Tabún (también conocido como "GA") contra fuerzas iraníes en el sur de Iraq.

Los documentos desclasificados de la CIA muestran que Casey y otros altos funcionarios fueron repetidamente informados sobre ataques químicos de Iraq y sus planes de lanzar más. "Si los iraquíes producen o adquieren nuevos grandes suministros de agente mostaza, ciertamente los utilizarían contra tropas y ciudades iraníes cercanas a la frontera", dijo la CIA en un documento de máximo secreto.

Pero era política expresa de Reagan que se asegurara una victoria iraquí en la guerra, fuera cual fuera el coste.

La CIA señaló en un documento que el uso de agente neurotóxico "podría tener un impacto significativo en las tácticas de oleadas humanas de Irán, obligando a Irán a renunciar a esa estrategia". Esas tácticas, que involucraban a fuerzas iraníes atacando en masa contra posiciones iraquíes con armamento convencional, habían resultado decisivas en algunas batallas. En marzo de 1984, la CIA informó que Iraq había "comenzado a utilizar agentes neurotóxicos en el frente Al Basora y probablemente podrán emplearlos en cantidades significativas desde el punto de vista militar a fines de otoño de este año".

El uso de armas químicas en la guerra está prohibido según el Protocolo de Ginebra de 1925, que señala que las partes "ejercerán todos los esfuerzos posibles para inducir a otros Estados a acceder" al acuerdo. Iraq nunca ratificó el protocolo; EE.UU. lo hizo en 1975. La Convención de Armas Químicas, que prohíbe la producción y uso de armas semejantes, no fue aprobada hasta 1997, años después de los incidentes en cuestión.

La ola inicial de ataques iraquíes, en 1983, utilizó agente mostaza. Aunque generalmente no es fatal, el gas mostaza causa severas ampollas en la piel y las membranas mucosas, que pueden conducir a infecciones potencialmente fatales, y causar ceguera y enfermedades respiratorias superiores, mientras aumentan el riesgo de cáncer. EE.UU. todavía no suministraba información del campo de batalla a Iraq cuando fue utilizado el gas mostaza. Pero tampoco hizo nada por ayudar a Irán en sus intentos de presentar pruebas de ataques químicos ilegales de Iraq. El gobierno tampoco informó a las Naciones Unidas. La CIA determinó que Irán tenía la capacidad de bombardear las instalaciones de montaje de armas, si podía encontrarlas. La CIA creía que conocía su ubicación.

La evidencia concreta de los ataques químicos iraquíes salió a la luz en 1984. Pero eso hizo poco para disuadir a Hussein de utilizar los agentes letales, incluso en ataques contra su propio pueblo. Porque por mucho que la CIA sabía sobre el uso de armas químicas por Hussein, los funcionarios se resistieron a suministrar Iraq con información durante gran parte de la guerra. El Departamento de Defensa había propuesto un programa para compartir información con los iraquíes en 1986. Pero según Francona, fue vetado porque la CIA y el Departamento de Estado veían a Sadam Hussein como "anatema" y a sus funcionarios como "matones".

La situación cambió en 1987. Los satélites de reconocimiento de la CIA adquirieron indicaciones evidentes de que los iraníes estaban concentrando grandes cantidades de tropas y equipamiento al este de la ciudad de Basora, según Francona, que entonces servía en la Agencia de Inteligencia de la Defensa (DIA). Lo que preocupaba más a los analistas de la DIA era que la imaginería satelital mostraba que los iraníes habían descubierto una inmensa brecha en las líneas iraquíes al sudeste de Basora. La brecha se había abierto en la confluencia entre el III Cuerpo iraquí, desplegado al este de la ciudad, y el VII Cuerpo iraquí, que estaba desplegado al sudeste de la ciudad, sobre y alrededor de la muy disputada Península Fao.

Los satélites detectaron unidades iraníes de ingeniería y construcción de puentes que eran movidas en secreto a áreas de despliegue frente a la brecha en las líneas iraquíes, indicando que iba a ser el sitio en el cual se desarrollaría la ofensiva anual de primavera iraní, dijo Francona.

A fines de 1987, los analistas de la DIA en la sección de Francona en Washington escribieron un informe de Código de Máximo Secreto titulado parcialmente "A las puertas de Basora", advirtiendo que la ofensiva de primavera iraní de 1988 iba a ser mayor que todas las ofensivas de primavera anteriores, y que esta ofensiva tenía buenas probabilidades de romper a través de las línea iraquíes y capturar Basora. El informe advertía que si Basora caía, los militares iraquíes colapsarían e Irán ganaría la guerra.

El presidente Reagan leyó el informe y, según Francona, escribió una nota al margen dirigida al secretario de Defensa Frank C. Calucci: "Una victoria iraní es inaceptable".

Subsiguientemente, se tomó una decisión al máximo nivel del gobierno de EE.UU. (que requería casi seguramente la aprobación del Consejo Nacional de Seguridad y de la CIA). La DIA fue autorizada a dar a los servicios de inteligencia iraquíes toda la información detallada disponible sobre los despliegues y movimientos de todas las unidades de combate iraníes. Eso incluía imaginería satelital y tal vez alguna inteligencia electrónica en versión aséptica. Hubo un enfoque particular sobre el área este de la ciudad de Basora en la cual la DIA estaba convencida que tendría lugar la próxima gran ofensiva iraní. La agencia también suministró datos sobre la ubicación de instalaciones logísticas clave iraníes, y sobre la fuerza y capacidades de la fuerza aérea iraní y su sistema de defensa aérea. Francona describió gran parte de la información como "paquetes de objetivos" adecuados para el uso por la fuerza aérea iraquí para su destrucción.

Y luego tuvieron lugar los ataques con sarín.

El agente neurotóxico causa mareos, molestas respiratorias, y convulsiones musculares, y puede conducir a la muerte. Los analistas de la CIA no pudieron determinar con precisión las cifras de víctimas iraníes porque carecían de acceso a funcionarios y documentos iraníes. Pero la agencia estimó la cantidad de muertos entre "cientos" y "miles" en cada uno de los cuatro casos en los cuales armas químicas fueron utilizadas antes de una ofensiva militar. Según la CIA, dos tercios de todas las armas químicas utilizadas por Iraq durante su guerra con Irán fueron disparadas o lanzadas en los últimos 18 meses de la guerra.

Cerca de 1988, la información estadounidense fluía sin restricciones a los militares de Hussein. En marzo de ese año, Iraq lanzó un ataque con gas neurotóxico contra la aldea kurda de Halabja en el norte de Iraq.

Un mes después, los iraquíes utilizaron bombas aéreas y granadas de artillería llenas con sarín contra concentraciones de tropas iraníes en la Península Fao al sudeste de Basora, contribuyendo a una importante victoria de las fuerzas iraquíes y a la recaptura de toda la península. El éxito de la ofensiva en la Península Fao también impidió que los iraníes lanzaran su tan esperada ofensiva a fin de capturar Basora. Según Francona, Washington quedó muy satisfecho con el resultado porque los iraníes nunca tuvieron una posibilidad de lanzar su ofensiva.

El profundo conocimiento del programa de armas químicas de Iraq está en fuerte contraste con las evaluaciones defectuosas suministradas por la CIA y otras agencias de inteligencia sobre el programa de Iraq antes de la invasión estadounidense en 2003. En esos días, la inteligencia de EE.UU. tenía mejor acceso a la región y podía enviar funcionarios para evaluar el daño.

Francona visitó la Península Fao poco después de su captura por los iraquíes. Encontró el campo de batalla lleno de cientos de inyectores que habían estado repletos de atropina, la droga utilizada comúnmente para tratar los efectos letales del sarín. Francona recogió algunos de los inyectores y los llevó consigo a Bagdad – como prueba de que los iraquíes habían utilizado sarín en la Península Fao.

En los meses siguientes, informó Francona, los iraquíes usaron tres veces más sarín en cantidades masivas en conjunción con fuego masivo de artillería y humo para ocultar el uso de agentes nerviosos. Cada ofensiva fue inmensamente exitosa, en gran parte gracias al uso cada vez más sofisticado de cantidades masivas de agentes nerviosos. El último de estos ataques, llamado Ofensiva de Ramadán Bendito, fue lanzado por los iraquíes en abril de 1988 e involucró el mayor uso del agente nervioso sarín empleado por los iraquíes hasta entonces. Durante un cuarto de siglo, ningún ataque químico llegó a acercarse a la escala de los ataques con agentes químicos de Sadam. Hasta, tal vez, los realizados la semana pasada en las afueras de Damasco.

Fuente: http://www.zcommunications.org/cia-files-prove-america-helped-saddam-as-he-gassed-iran-by-matthew-m-aid.html

IGNACIO RAMONET – Nos lo temíamos (1). Y tanto la literatura como el cine de anticipación (*Minority Report*, de Steven Spielberg) nos habían avisado: "con los progresos de las tecnologías de comunicación todos acabaríamos siendo vigilados". Claro, intuíamos que esa violación de nuestra privacidad la ejercería un Estado neototalitario. Ahí nos equivocamos. Porque las inauditas revelaciones efectuadas por el valeroso Edward Snowden sobre la vigilancia orwelliana de nuestras comunicaciones acusan directamente a Estados Unidos, país antaño considerado como "la patria de la libertad". Al parecer, desde la promulgación en 2001 de la ley "*Patriot Act*" (2), eso se acabó. El propio presidente Barack Obama lo acaba de admitir: "No se puede tener un 100% de seguridad y un 100% de privacidad". Bienvenidos pues a la era del 'Gran Hermano'…

¿Qué revelaciones ha hecho Snowden? Este antiguo asistente técnico de la CIA, de 29 años, y que últimamente trabajaba para una empresa privada –la Booz Allen Hamilton (3)– subcontratada por la Agencia estadounidense de Seguridad Nacional (NSA, por sus siglas en inglés), reveló mediante filtraciones a los diarios The Guardian y The Washington Post, la existencia de programas secretos que permiten la vigilancia de las comunicaciones de millones de ciudadanos por parte del Gobierno de Estados Unidos.

Un primer programa entró en vigor en 2006. Consiste en espiar todas las llamadas telefónicas que se efectuan, a través de la compañía Verizon, dentro de Estados Unidos, y las que se hacen desde allí hacia el extranjero. Otro programa, llamado PRISM, fue puesto en marcha en 2008. Supone la recolección de todos los datos enviados por Internet –correos electrónicos, fotos, vídeos, *chats*, redes sociales, tarjetas de crédito...– únicamente (en principio) por extranjeros que residen fuera del territorio norteamericano. Ambos programas han sido aprobados en secreto por el Congreso de Estados Unidos, al que se habría mantenido, según Barack Obama, "constantemente informado" sobre su desarrollo.

Sobre la dimensión de la increíble violación de nuestros derechos civiles y de nuestras comunicaciones, la prensa ha aportado detalles espeluznantes. El 5 de junio, por ejemplo, *The Guardian* publicó la orden emitida por el Tribunal de Supervisión de Inteligencia Extranjera, que exigía a la compañía telefónica Verizon la entrega a la NSA del registro de decenas de millones de llamadas de sus clientes. El mandato no autoriza, al parecer, a conocer el contenido de las comunicaciones ni los titulares de los números de teléfono, pero sí permite el control de la duración y el destino de esas llamadas. El día siguiente *The Guardian* y *The Washington Post* revelaron la realidad del programa secreto de vigilancia PRISM, que autoriza a la NSA y al FBI a acceder a los servidores de las nueve principales empresas de Internet (con la notable excepción de Twitter): Microsoft, Yahoo, Google, Facebook (4), PalTalk, AOL, Skype, YouTube y Apple.

Mediante esta violación de las comunicaciones, el Gobierno estadounidense puede acceder a archivos, audios, vídeos, correos electrónicos o fotografías de sus usuarios. PRISM se ha convertido de ese modo en la herramienta más útil de la NSA a la hora de elaborar los informes que diariamente entrega al presidente Obama. El 7 de junio, los mismos diarios publicaron una directiva de la Casa Blanca en la que el presidente ordenaba a sus agencias de inteligencia (NSA, CIA, FBI) establecer una lista de posibles países susceptibles de ser 'ciberatacados' por Washington. Y el 8 de junio, *The Guardian* filtró la existencia de otro programa que permite a la NSA clasificar los datos que recopila en función del origen de la información. Esta práctica, orientada al ciberespionaje en el exterior, permitió recopilar –sólo en marzo pasado– unos 3.000 millones de datos de ordenadores en Estados Unidos...

Durante estas últimas semanas, ambos periódicos han ido revelando, gracias a filtraciones de Edward Snowden, nuevos programas de ciberespionaje y vigilancia de las comunicaciones en países del resto del mundo. "La NSA –explicó Edward Snowden– ha construido una infraestructura que le permite interceptar prácticamente cualquier tipo de comunicación. Con estas técnicas, la mayoría de las comunicaciones humanas se almacenan para servir en algún momento a un objetivo determinado".

La Agencia de Seguridad Nacional (NSA), cuyo cuartel general se halla en Fort Meade (Maryland), es la más importante y la más desconocida agencia de inteligencia norteamericana. Es tan secreta que la mayoría de los estadounidenses ignora su existencia. Controla la mayor parte del presupuesto destinado a los servicios de inteligencia, y produce más de cincuenta toneladas de material clasificado al día... Ella –y no la CIA– es quien posee y opera el grueso de los sistemas estadounidenses de recogida secreta de material de inteligencia: desde una red mundial de satélites hasta las decenas de puestos de escucha, miles de ordenadores y los masivos bosques de antenas situados en las colinas de Virginia Occidental. Una de sus especialidades es espiar a los espías, o sea a los servicios de inteligencia de todas las potencias, amigas o enemigas. Durante la guerra de las Malvinas (1982), por ejemplo, la NSA descifró el código secreto de los servicios de inteligencia argentinos, haciendo así posible la transmisión de información crucial a los británicos sobre las fuerzas argentinas...

Todo el sistema de interceptación de la NSA puede captar discretamente cualquier *e-mail*, cualquier consulta de Internet o conversación telefónica internacional. El conjunto total de comunicaciones interceptadas y descifradas por la NSA constituye la principal fuente de información clandestina del Gobierno estadounidense.

La NSA colabora estrechamente con el misterioso sistema *Echelon*. Creado en secreto, después de la Segunda Guerra Mundial, por cinco potencias (los "cinco ojos") anglosajonas: Estados Unidos, Reino Unido, Canadá, Australia y Nueva Zelanda. Echelon es un sistema orwelliano de vigilancia global que se extiende por todo el mundo y está orientado hacia los satélites que se utilizan para transmitir la mayor parte de las llamadas telefónicas, comunicaciones por Internet, correos electrónicos y redes sociales. Echelon puede captar hasta dos millones de conversaciones al minuto. Su misión clandestina es el espionaje de Gobiernos, partidos políticos, organizaciones y empresas. Seis bases a través del mundo recopilan las informaciones e interceptan de forma indiscriminada enormes cantidades de comunicaciones que los superordenadores de la NSA posteriormente criban mediante la introducción de palabras clave en varios idiomas.

En el marco de Echelon, los servicios de inteligencia estadounidense y británico han establecido una larga colaboración secreta. Y ahora hemos sabido, gracias a nuevas revelaciones de Edward Snowden, que el espionaje británico también pincha clandestinamente cables de fibra óptica, lo que le permitió espiar las comunicaciones de las delegaciones que acudieron a la Cumbre del G-20 de Londres en abril de 2009. Sin distinguir entre amigos y enemigos (5).

Mediante el programa *Tempora*, los servicios británicos no dudan en almacenar colosales cantidades de información obtenida ilegalmente. Por ejemplo, en 2012, manejaron unos 600 millones de "conexiones telefónicas" al día y pincharon, en perfecta ilegalidad, más de 200 cables... Cada cable transporta 10 gigabytes (6) por segundo. En teoría, podrían procesar 21 petabytes (7) al día; lo que equivale a enviar toda la información que contiene la Biblioteca Británica 192 veces al día...

Los servicios de inteligencia constatan que ya hay más de 2.000 millones de usuarios de Internet en el mundo y que casi más de mil millones utilizan Facebook de forma habitual. Por eso se han fijado como objetivo, transgrediendo leyes y principios éticos, controlar todo lo que circula por Internet. Y lo están consiguiendo: "Estamos empezando a dominar Internet", confesó un espía inglés, "y nuestra capacidad actual es bastante impresionante". Para mejorar aún más ese conocimiento de Internet, la Government Communications Headquarters (GCHQ, Agencia de inteligencia británica) lanzó recientemente dos nuevos programas: *Mastering The Internet* (MTI) sobre cómo dominar Internet, e Interception Modernisation Programme para una explotación orwelliana de las telecomunicaciones globales. Según Edward Snowden, Londres y Washington acumulan ya, diariamente, una cantidad astronómica de datos interceptados

clandestinamente a través de las redes mundiales de fibra óptica. Ambos países destinan en total a unos 550 especialistas a analizar esa titánica información.

Con la ayuda de la NSA, la GCHQ se aprovecha de que gran parte de los cables de fibra óptica que conducen las telecomunicaciones planetarias pasan por el Reino Unido, y los ha interceptado con sofisticados programas informáticos. En síntesis, miles de millones de llamadas telefónicas, mensajes electrónicos y datos sobre visitas a Internet son acumulados sin que los ciudadanos lo sepan, bajo pretexto de reforzar la seguridad y combatir el terrorismo y el crimen organizado.

Washington y Londres han puesto en marcha un orwelliano plan 'Gran Hermano' con capacidad de saber todo lo que hacemos y decimos en nuestras comunicaciones. Y cuando el presidente Obama apela a la 'legitimidad' de tales prácticas de violación de la privacidad, está defendiendo lo injustificable. Además, hay que recordar que por haber realizado labores de información sobre peligrosos grupos terroristas con base en Florida –o sea, una misión que el presidente Obama considera hoy como 'perfectamente legítima'– cinco cubanos fueron detenidos en 1998 y condenados por la Justicia estadounidense a largas e inmerecidas penas de prisión (8). Un escándalo judicial que es hora de reparar liberando a esos cinco héroes (9).

El presidente Barack Obama está abusando de su poder y restando libertad a todos los ciudadanos del mundo. "Yo no quiero vivir en una sociedad que permite este tipo de actuaciones", protestó Edward Snowden cuando decidió hacer sus impactantes revelaciones. Las divulgó, y no es casualidad, justo cuando empezaba el juicio contra el soldado Bradley Manning, acusado de filtrar secretos a WikiLeaks, la organización internacional que publica informaciones secretas de fuentes anónimas. Y cuando el cibermilitante Julian Assange lleva un año refugiado en la Embajada de Ecuador en Londres... Snowden, Manning, Assange, son paladines de la libertad de expresión, luchadores en beneficio de la salud de la

78

democracia y de los intereses de todos los ciudadanos del planeta. Hoy acosados y perseguidos por el 'Gran Hermano' estadounidense (10).

¿Por qué estos tres héroes de nuestro tiempo aceptaron semejante riesgo que les puede hasta costar la vida? Edward Snowden, obligado a pedir asilo político en Ecuador, contesta: "Cuando te das cuenta de que el mundo que ayudaste a crear va a ser peor para la próxima generación y para las siguientes, y que se extienden las capacidades de esa arquitectura de opresión, comprendes que es necesario aceptar cualquier riesgo. Sin que te importen las consecuencias".

Irán recomienda a Obama cambiar su postura ante Siria

Actualizado: 01/09/2013
La Cancillería de Irán ha advertido sobre los peligros de encender una nueva guerra en la región y recomienda a Washington que adopte una postura inteligente y correcta ante la crisis en Siria.

Mientras la Casa Blanca toca cada día más fuerte los tambores de guerra contra el Gobierno sirio, el ministro de Asuntos Exteriores de Irán, Mohamad Yavad Zarif, ha instado este domingo al presidente de EE.UU., Barack Obama, a que cambie su postura de hostilidad.

El diplomático persa ha subrayado que el Congreso estadounidense no debe autorizar una intervención militar en Siria sin el consentimiento de la Organización de las Naciones Unidas (ONU), argumentando que la medida viola los derechos internacionales y requiere una resolución del Consejo de Seguridad, y esta última sólo bajo ciertas condiciones.

La Cancillería de Irán ha abogado en reiteradas veces por soluciones políticas para evitar cualquier tensión y agravar más la situación en Siria.

Washington so pretexto del supuesto uso de armas químicas en Siria busca ejecutar una ofensiva militar contra este país árabe, basándose en alegatos de los terroristas que operan en Siria, quienes anunciaron que el Gobierno sirio asesinó a unas 1 300 personas el pasado 21 de este mes, en un ataque con armas químicas en una zona cercana de Damasco, la capital del país árabe.

No obstante, el Gobierno y el Ejército sirios han rechazado esas acusaciones y aseguran que no han utilizado armas químicas en ningún punto de su territorio.

fm/cl/msf

El juego criminal de la mentira en la invasión a Siria

, **Stella Calloni** –Cuba Debate-29 AGOSTO 2013 5 COMENTARIOS

Mucho antes de principios de 2011, cuando comenzó a avanzar el accionar mercenario y la Organización del Atlántico Norte (OTAN) contra Siria, el esquema de la invasión estaba preparado, pero encontraron una dura resistencia en ese país, al que han sometido a una brutal guerra terrorista, donde los medios de comunicación del poder hegemónico, son el principal sostén del terrorismo empleado.

Estados Unidos y sus socios más activos ,Gran Bretaña, Francia, Israel –país al que nunca se nombra en este caso- junto a los monarcas tiránicos de los países del Golfo, Qatar y otros ya estaban invadiendo con el envío de oleadas de mercenarios, criminales de vieja data, conformados en los llamados "ejércitos privados" bajo el mando de las "fuerzas especiales" de cada uno de esos países.

Más de dos años ha durado esa resistencia del gobierno de Bashar Al Assad, que cuenta con el apoyo ante esta situación de los verderamente democráticos opositores, los socialistas, naseristas, comunistas,cristianos y comunidades de otros países que convivian pacíficamente en

Siria.Hay que destacar que el gobierno sirio, en medio de la ofensiva terrorista externa logró introducir cambios en la Constitución siria y realizar elecciones donde intervino la verdadera y única oposición legal. Pero en ese momento la ex secretaria de Estado Hillary Clinton, sostuvo que no importaba lo que hiciera Al Assad, ya que Estados UNidos había decidido que debía dejar el gobierno.

Tanto la Coalición Nacional Siria (CNS), como el Ejército Sirio Libre (ESL), nacieron fuera del país y están conformados en sus direcciones, mayoritariamente, por sirios que estaban fuera del país, trabajando con Organizaciones No gubernamentales y Fundaciones ligadas a los servicios de Inteligencia tanto de Estados Unidos como de otros países, como lo hemos demostrado en investigaciones anteriores. La "tropa" está formada- en una mayoría- por mercenarios de Al Qaeda nada menos que bajo control de la OTAN. Lo cual es fácilmente comprobable.

A lo largo del calvario vivido por el pueblo sirio bajo el implacable ataque de mercenarios, armados poderosamente con equipos de alta tecnología, misiles y demás, dirigidos por las fuerzas especiales de los países de la OTAN, los medios de comunicación del poder hegemónico han desinformado y manipulado diariamente sobre los sucesos en Siria.

A pesar de conocer por diversas fuentes la verdad, han mentido, convirtiendo el periodismo en un oficio del terror y deben asumir su responsabilidad en cada uno de los crímenes cometidos en esta guerra colonial.

Los ataques terroristas contra Siria, fueron respondidos desde sus comienzos por el ejército sirio originando no "una guerra civil", sino una guerra de resistencia a los invasores, cuyo objetivo es el constante desgaste de las fuerzas sirias, para después avanzar con los bombardeos de la OTAN, sin arriesgar tropa propia.

Son miles las víctimas del terrorismo invasor entre la oblación civil, pero también militares, policías, funcionarios. Las masacres y la destrucción se reproducen en Siria y dan cuenta de los ilimitados recursos del terror que han llevado a ese país, los supuestos "democratizadores" y "humanistas", que a su vez están sometiendo a sus pueblos a una verdadera tragedia social.

El silencio del mundo y de muchos de los países que deben verse en el espejo de Siria, están asegurando la impunidad de ese poder mundial que avanza en una expansión global, infinita.

En realidad Washington y sus aliados avanzan ciegos hacia el abismo, mientras las economías de sus países siguen cayendo, y unas 20 ciudades estadounidenses, incluyendo Nueva York anuncian que están a punto de quebrar.

Pero ¿quién los detiene?

ARMAS QUÍMICAS: FALSO ARGUMENTO

Por estas horas y bajo la bendición del poderoso grupo Bidelberg, que reúne a las más grandes empresas del mundo, anuncian la "urgencia" de invadir Siria, bajo el argumento falso del uso de armas químicas contra su pueblo por parte de Bashar Al Assad.

Investigadores europeos han advertido sobre una serie de documentos entre los cuales se reveló que directivos de la empresa británica Britam Defence intercambiaron importante información revelando un complot contra Siria y Rusia.

Esto surge de las revelaciones del *hacker* JAsirX donde aparecen documentos que revelan el plan del uso de armas químicas en ataques de "falsa bandera", para atribuirlo al gobierno de Bashar Al Assad.

"Si el régimen de Al Assad no usa armas químicas contra su pueblo, lo haría en su nombre una empresa británica", denunció el analista de los documentos filtrados en el blog de la web warfiles.ru (Noticidiario. Worpress.com)

En estos documentos se establecía que Qatar y Arabia Saudita contrataron a la Britam Defence para que organice provocaciones en Siria con la ayuda de mercenarios procedentes de Ucrania que simulen ser rusos . Después de eso, Estados Unidos introducirá sus tropas en territorio sirio".

JAsIrX interfirió los servidores de Britam Defence y pudo mostrar copias de varios contratos, una serie de correos electrónicos y contraseñas que dan acceso a una de las bases militares de la compañía.

"Las letras 'CW 'en los documentos significan armas químicas, mientras que 'g-shel', es un tipo de bomba de gas" señala el análisis, que incluye un informe analítico de Stratfor (empresa conocida como la 'CIA en las sombras') y una lista de objetivos estratégicos en Medio Oriente.

La comunicación clave entre Doughty, jefe de Britam Defence y el director financiero Goulding data del 24 de diciembre de 2012 es un correo electrónico dirigido `por el primero al segundo.

"Phill: hemos recibido una nueva propuesta. Es otra vez sobre Siria. Los cataríes proponen un interesante trato y juran que la idea es aprobada por Washington. Tendremos que suministar a Homs –ciudad siria ocupada por los mercenarios en esos momentos) un CW, un g-shell de origen soviético procedente de Libia, semejante a aquellos que debería tener Assad. Quieren que despleguemos nuestro personal ucraniano que hable ruso y grabarles en un video.Sinceramente, no creo que sea una buena idea, pero las sumas que proponen son enormes. ¿Tu opinión? Saludos cordiales. David"

También aparecieron planes de "ampliar" sus actividades en Irán. Según los correos del mismo Goulding, la compañía estaba tomando "medidas preparatorias respecto al asunto iraní" y "la participación de la Britam en la operación está confirmada por parte de los saudíes".

En el análisis se menciona que "en cuanto a los detalles de la operación, según las instrucciones internas de la empresa, se puede concluir que se trata del envío de mercenarios y la instalación de bases de entrenamiento.

Además de esos documentos cruciales, JAsIrX también da a conocer otros datos privados de Britam Defence que revelan sus intereses en Medio Oriente.

En la parte del reporte de Stratfor lee sobre los diversos movimientos militares de Estados Unidos y Francia , entre ellos trayectorias de varios tipos de aviones militares y la lista de objetivos estratégicamente importantes en Medio Oriente que " incluye tanto hospitales, como objetivos energéticos e industriales, además coordenadas geográficas: longitud y latitud".

Parte de estos documentos fueron publicados el 28 de enero pasado por Paul Joseph Watson, en INFOWARS, referidos al trabajo del hacker que revelaban el plan aprobado por Washington y financiado por Qatar, para organizar un ataque con armas químicas en Siria y endilgarle la responsabilidad al gobierno de Al-Asad.

De esta manera se crearía el pretexto adelantado por el presidente de Estados Unidos Barack Obama quien había advertido que si se usaba este tipo de armas, sería considerado como la "linea roja" que obligaría a la intervención militar de Estados Unidos.

Se añade que "las potencias occidentales dijeron a la oposición siria que el ataque contra las fuerzas del presidente Bashar al Assad era cuestión de días", según las fuentes que asistieron a una reunión entre los enviados occidentales y la Coalición Nacional de Siria (CNS) en Estambul en mayo pasado, que fueron citadas por la agencia Reuters.

También esta agencia informó que la oposición siria había entregado a la OTAN una lista de objetivos en ese país "que considera que deben ser eliminados", durante la reunión en que participaron los miembros de la CNS de Siria, "incluido su presidente, Ahmad Jarba, y representantes de once sedes de 'Los Amigos de Siria', entre ellos el enviado de EE.UU."

En esos momentos el vice primer ministro sirio, Qadri Jamil, dijo a la versión árabe de la cadena RT que los grupos que actuaban contra Siria financiadas por Qatar tenían a su disposición plantas y laboratorios para producir armas químicas, informando que algunas de estas fábricas y almacenes salen en fotos de satélite en el territorio de Turquía.

Advirtió que una provocación con armas químicas serviría para dar un pretexto a los gobiernos occidentales, que sólo quieren optar por una intervención militar. "El Gobierno de Bashar al Assad siempre ha tenido una posición muy clara y definida sobre el uso de armas químicas y sabemos que es un precedente muy peligroso. Si se destapa esta caja de Pandora, nadie podrá cerrarla. Significa que este fenómeno se difundirá más y más y que el uso de armas químicas se convertirá en una práctica habitual para las organizaciones extremistas".

De esta manera y después de una serie de denuncias del gobierno sirio por el uso por parte de los mercenarios de este tipo de armas y por el hallazgo en un lugar refugio de los atacantes de una cantidad preparada para usar contra el pueblo sirio – como denunció ante Naciones Unidas- finalmente los planes denunciados se cumplieron en el famoso ataque del" el 21 de agosto pasado.

Desde ese momento se incrementaron los desplazamientos de aviones y flotas hacia la región. Obama, sin pruebas y antes de que terminaran su misión los observadores, pedidos desde hace tiempo por el gobierno sirio, decidió que ya se había trazado la "línea roja" dando argumentos para una intervención directa.

El investigador Thierry Meyssan de la Red Voltaire sostuvo el pasado 27 de agosto que dos días antes la Casa Blanca publicó un comunicado en el que un alto funcionario anónimo afirmaba que hay «muy pocas dudas» del uso en Siria de armas químicas contra la oposición.

Añade que si bien el uso de armas químicas en la periferia de Damasco reportado el miércoles 21 de agosto de 2013 parece bastante probable, el Consejo de Seguridad de la ONU no concluyó que fuese atribuible al gobierno sirio.

"En una reunión urgente solicitada por los occidentales, los embajadores quedaron sorprendidos cuando su colega ruso les presentó fotos captadas por los satélites de su país en las que pueden verse los disparos de 2 obuses –a las 01 horas y 35 minutos de la mañana– realizados desde la zona de los rebeldes en Duma hacia las zonas,

también rebeldes, que resultaron afectadas por los gases –en Jobar y entre Arbin y Zamalka– en horarios que coinciden con los incidentes reportados" señala Meyssand

Sugiere que la «Brigada del Islam» que ocupa la localidad de Duma quiso matar tres pájaros de un tiro: eliminar a sus rivales en el seno mismo de la oposición, lograr que se acusara a Siria de usar armas químicas y contrarrestar al mismo tiempo la ofensiva del ejército sirio contra las posiciones de los grupos armados que hostigan la capital.

También recuerda el investigador que "ya en diciembre de 2012, el Ejército Sirio Libre difundió un video en el que realizaba un experimento de laboratorio con un gas venenoso y amenazaba con utilizarlo contra los alauitas. Esta misma semana, el gobierno sirio descubrió en las afueras de Damasco varios escondites que contenían armas químicas, mascaras antigases y dosis de antídotos. Los productos provenían de Arabia Saudita, Qatar, Estados Unidos y los Países Bajos".

Añade que "por cierto es por el pedido del gobierno sirio –y no de los occidentales– que los expertos de la ONU se encuentran en Siria por dos semanas para investigar las alegaciones de uso de armas químicas. Para terminar, el 29 de mayo de 2013, la policía turca arrestó una docena de miembros del Frente al-Nusra y les confiscó armas químicas destinadas a su uso en Siria".

A pesar de todo eso, el presidente Obama reunió su Consejo de Seguridad Nacional el viernes 23 de agosto para examinar las opciones de ataque contra Siria . Además ordenó reforzar la presencia de la marina de guerra estadounidense en el Mediterráneo. El sábado 24 habló con el primer ministro británico David Cameron. Y el domingo con el presidente francés Francois Hollande. Los tres estuvieron de acuerdo en que había que intervenir, pero sin precisar cómo. También el domingo, el secretario de Estado John Kerry llamaba a sus homólogos del Reino Unido, Francia, Canadá y Rusia para decirles que Estados Unidos está convencido de que Siria había traspasado la «línea roja».

Pero el ministro ruso Serguei Lavrov expresó su asombro ante el hecho que Washington se pronuncie antes del informe de los inspectores de la ONU y le advirtió sobre las «consecuencias

extremadamente graves» de una intervención en la
región.